まだまだ知ら

大邱(テグ) 週末トラベル

韓国屈指の観光都市の楽しみ方

あんそら 著

路地めぐりに韓屋ステイ、韓方ごはんと最新スイーツ。テグの魅力を再発見！

WALKAROUND
迷路のような
路地と市場を探検
文化と芸術が
集う空間へ

EAT & DRINK
おさえたい！
大邱10の味
静かな夜に。
とっておきのお店

SHOPPING
個性が光る雑貨屋めぐり
ステキなお土産

EXPERIENCE
精進料理にヒーリング体験
イベントもチェック！

Mates-Publishing

contents

この本の使い方 ... 4

1　Let's 大邱！　予習＆復習からスタート！ ... 6
2　市内の移動は地下鉄で　3号線はモノレールです！ ... 8
3　大邱イチの繁華街　東城路からスタート！ ... 10
4　北城路再発見！　まだまだ楽しめる路地めぐり ... 12
5　北城路の通りに面影が残る　工具や手製靴の長い歴史 ... 14
6　北城路の歴史を伝える　古い建物を生かした空間 ... 16
7　韓方の香りをあびて街歩き　大邱ならではの韓方体験も！ ... 18
8　歩いて回れるエリアに残る　近代を知るキーワード ... 20
9　近代の歴史にふれる　街中の博物館めぐり ... 22
10　コーヒーの街、大邱で　美味なるコーヒーを飲む ... 24
11　やっぱりコーヒー！　個性が光る専門店へご案内 ... 26
12　ブランチがおすすめ！　パンもスイーツもおいしいお店 ... 28
13　大邱の美味しいスイーツ　日々進化しています！① ... 30
14　大邱の美味しいスイーツ　日々進化しています！② ... 32
15　オールシーズンOK！　ビジュアル系アイスデザート ... 34
16　金光石通りがある大鳳洞　街歩きも楽しいエリアです ... 36
17　住宅街の三徳洞エリア　カフェ＆雑貨屋さんめぐり ... 38
18　大邱の市場はまずここへ！　昼も夜も楽しい西門市場 ... 40
19　西門市場の穴場はここ！　ローカルな5地区が楽しい ... 42
20　校洞探検！　迷路のような路地と市場 ... 44
21　古き良き文化の香り　音楽鑑賞室＆喫茶店 ... 46
22　歴史ある建物をリモデリング　文化と芸術が集う空間 ... 48
23　大邱を代表する「大邱10の味」　押さえたい「3味」はこれ！ ... 50
24　大邱を代表する「大邱10の味」　名物料理で、朝・昼・夜！ ... 52
25　海の幸、山の幸　大邱のおいしいごはん集合！ ... 54
26　韓方の街、大邱ならでは！　韓方が香る体にやさしい料理 ... 56
27　韓国料理の決め手はスープ！　滋味深い味に癒されます ... 58
28　市場で楽しむ名物料理！　平和市場＆七星市場 ... 60
29　韓国に来たらマスト！　マッコリ飲まなきゃ始まらない ... 62

30	旅先で静かな夜を・・・　とっておきのお店はここ	64
31	旅の夜の思い出に　音楽とお酒を楽しむ空間	66
32	本＋αのカフェ空間　個性的なブックカフェ	68
33	地元のステキな本屋さん　旅の記念に本もいいかも	70
34	おみやげもおまかせ！　大邱のステキなあれもこれも・・・	72
35	雑貨屋さんめぐり　ヴィンテージ＆セレクトショップ	74
36	文具、アクセサリー etc…　ここだけのステキなものを探して	76
37	まだまだあるよ！　大邱だけの個性的なお店	78
38	人気のパン屋さん集合〜！　大邱みやげにパンはいかが？	80
39	韓屋ステイとオーガニックカフェ　moga のステキな空間	82
40	大邱の名刹、桐華寺へ　精進料理の体験もできます	84
41	今日はどこに行く？　ヒーリング＆トッポッキ体験！	86
42	コミュニケーションも楽しい　ゲストハウスに泊まる！	88
43	街中からの自然散策　山と水辺でリフレッシュ！	90
44	市場を目指して郊外まで　五日市と名物料理を堪能！	92
45	市の中に郡がある？　達城郡は歴史と自然の宝庫	94
46	まだまだあるよ！　広い達城郡は見どころ満載	96
47	２番目の郡はニューフェイス！　軍威郡へ行ってみよう	98
48	自然と建築物が美しく調和　静けさと向き合う「思惟園」	100
49	大邱から始まる慶北旅　歴史あるマッコリを訪ねて	102
50	大邱から始まる慶北旅　慶州世界遺産めぐり	104
51	大邱から始まる慶北旅　慶州ぶらぶら街あるき	106
52	大邱から始まる慶北旅　安東へ歴史散策の旅	108
53	大邱から始まる慶北旅　安東ぶらぶら街あるき	110
54	日本各地から大邱へ！大邱から韓国各地へ！	112
55	イベントをチェックして　大邱旅をさらに楽しもう！	114
56	知っておくと便利！　旅のスタート前に情報収集	116
57	〜番外編〜　あんそら的 プチ情報＆コラムです！	118
	MAP	120
	INDEX	126

この本の使い方

カタカナにするとわかりにくいものはハングルで表記しています。
注文の際に見せるなど、参考にしてください。

- 街歩き
- 食べる（カフェ）
- 食べる（食堂など）
- 買う
- 体験する
- 大邱旅便利帳

—— Instagram アカウント

休み
定期休日のみを記載しています。旧正月・旧盆は毎年変わり、記載がなくても休む場合があります。

営業時間
季節やお店の都合によって予告なく、遅いオープンや早いクローズ、休業の場合があります。

※ Instagram で休みや営業時間などを告知している場合があります。

住所
道路名住所のほか、カッコ内に旧住所を記載しています。旧住所の方が通じやすい場合がありますので、参考にしてください。

アクセス
都市鉄道（1～3号線、地下鉄とモノレール）の駅からのアクセスを記載しています。近くまでバスで行ける場合もありますが、出発地点により異なりますので、一部を除いて都市鉄道のみを記載しました。

ハングルの場合はなるべく発音に近く、アルファベットの場合は韓国の読み方に近いフリガナを記しています。日本語にない発音など、表現が難しい場合もありますので、ご了承ください。

●本書のデータは2023年12月現在のものです。紹介している内容は予告なく変更される場合があります。特に最近は価格変更の頻度が高まっていますので、最新情報をご確認ください。

大邱旅の始まりです！

Let's 大邱！
予習＆復習からスタート！

ここ数年、韓国旅行先として人気上昇中の大邱。行ったことある人もまだの人も、まずは予習＆復習から始めましょ！

大邱のニューフェイス！「軍威郡」

　2023年7月、大邱広域市の北部に位置する軍威郡が統合されました。国宝第109号の軍威三尊石窟や中央線の花本駅（簡易駅）、映画『リトル・フォレスト 春夏秋冬』の撮影地など、バラエティ豊かな観光スポットがあり、大邱旅行の楽しみが増えました！

どこにあるの？　どんなところ？

　韓国の東南部に位置する慶尚道地域の中心都市。日本各地から直行便が就航しています。東大邱駅までKTX（韓国高速鉄道）でソウルから約1時間50分、釜山から約50分。東大邱駅に隣接して東大邱複合乗換センター（高速・市外バスターミナル）があり、鉄道・バスともに本数・路線が多く、ソウルや釜山への移動や各地方への旅行も便利です。

　古くは、朝鮮時代から続く韓方の街。そして、美人が多いことでも有名でした。周辺は自然にあふれていますが、街はコンパクトにまとまった都会で、ピンポイントで楽しめるところも魅力です。人口比率に対して喫茶店が一番多い都市といわれ、コーヒーのおいしさには定評があります。近年はビジュアルと味が伴ったスイーツの人気も高く、カフェ文化が発達した都市でもあります。

大邱旅の始まり始まり・・・

　大邱は暑い夏＆寒い冬の盆地特有の気候。旅行シーズンの春と秋が気候的には無難に楽しめますが、「テプリカ」と表現されるほど半端ない暑さの夏にはチキンとビールを味わう「チメクフェスティバル」で盛り上がったり、寒い冬にはクリスマスのイルミネーションや温かい料理を楽しんだりと、どの季節も大邱ならではの旅が満喫できます。

　大邱にはおいしいものがたくさんあります。大邱だけでしか食べられない料理や、大邱を象徴する料理として選定された「大邱の味10選（大邱10味）」など、名物料理がたくさん。もちろん、ショッピングや観光スポットもあちこちにあります。歴史的な建築物や博物館、自然あふれる山や公園など、旅の楽しみがぎゅっと詰まっています。

大邱の味10選（大邱10味）

左から、タロクッパ（大邱式ユッケジャン）、マクチャンクイ（ホルモン焼き）、ムンティギ（牛刺身）、東仁洞チムカルビ、ナマズのメウンタン

左から、ふぐプルコギ、ヌルンククス（いわしダシの麺）、ムチムフェ（海鮮の薬味あえ）、ヤキウドン、ぺちゃんこ餃子

写真提供：大邱広域市

市内の移動は地下鉄で
3号線はモノレールです！

地下鉄＆バスなど、公共交通機関を上手に乗りこなしたい。まずは都市鉄道3路線をチェックして、効率的に移動しよう！

都市鉄道公社が運営する大邱の地下鉄は、ソウル・釜山に続いて3番目に開通しました。地下鉄1・2号線は1997年と2005年に開通し、スカイレールの愛称で親しまれているモノレールの3号線は、2015年に開通しました。道路の上から、都会の街並みを見下ろしながら走ります。3号線の駅が最寄りのスポットは、西門市場や青蘿の丘、寿城池など。地上の景色を楽しみながら移動してみてくださいね。

車を見下ろしながら走り抜ける

都市鉄道3号線はモノレール

青は交通カードチャージ機（左）
黄は1回利用券（トークン）販売機

T-money
ほとんど全国の地下鉄やバスなどで使えるカード。購入やチャージはコンビニで（2024年1月現在）

One pass
大邱で普及している交通カード。駅窓口で販売、チャージは各駅で。カードを使うと1,500Wになる

1回利用券はトークン。
全路線共通1,700W

都市鉄道路線図

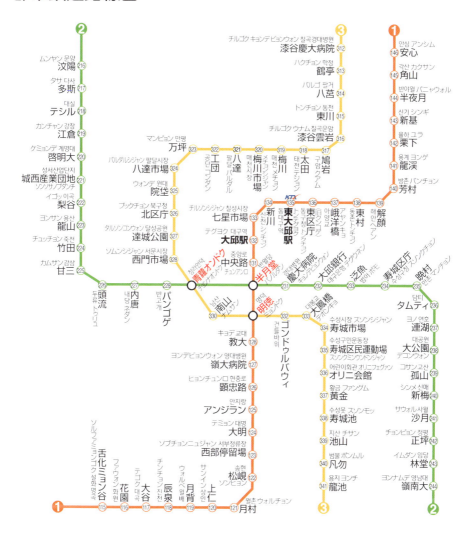

西門市場駅

西門市場のゲートを見下ろす

大邱イチの繁華街
東城路からスタート！

いつもたくさんの人でにぎわう東城路は、ソウルでいうと明洞みたいなところ。まずは出かけてみましょう！

　いつにぎやかで活気にあふれている東城路は、いろんなものがぎゅっと詰まったところ。大邱駅交差点から東西に広がるエリアで、国債報償路から南、以前大邱百貨店があった辺りが中心です。コスメはもちろん、洋服やアクセサリーなど、ファッション系のお店が充実しているので、まずは東城路へ繰り出してみて。SPARK LANDがオープンして、街中の観覧車もトレードマークになりました。路地の中には昔ながらのおいしい食堂もあります。地下鉄駅は地下商店街につながっていて、プチプラショッピングも楽しめます。

東城路エリアにある2つの公園は、1960年2月28日に起きた2.28学生民主運動を記念して造られた2.28記念中央公園と、大邱から始まった国債報償運動を記念して造られた国債報償運動記念公園。繁華街の喧騒を抜けて、立ち寄ってみてください。

2・28記念中央公園

国債報償運動記念公園

国債報償運動記録展示館（図書館内）

ユネスコ世界記録遺産館

企画展示館

SPARK LAND

室内テーマパークや屋上遊園地があるSPARK LANDは、東城路の新しいランドマーク。大観覧車に乗って、大邱の風景を一望してみては。夜景もきれいです。

東城路

- 尚州食堂 <P.58>
- JAMESRECORD <P.67>
- ユンソイン ナムサンコダンペク チャンオチュクチプ
- ハイマトゥ音楽鑑賞室 <P.46>
- NAGEUNOL STREET <P.77>
- イシエッグタルトゥ <P.33>
- ノルウェイエスプ <P.64>
- NICE Kitchen <P.72>
- 東横INN 東城路
- DUGGY COFFEE <P.27>
- APRES bakeshop <P.32>

大邱駅交差点 / 中央路駅 / 国債報償路 / 2・28記念中央公園 / 国債報償運動記念公園 / SPARK LAND / 東城路観光案内所 / 半月堂駅

윤소인남산고단백장어죽집
ユンソインナムサンコダンペクチャンオチュクチプ

　細い路地の奥にあり、お店の前まで行かないと看板も見えないほど。場所柄若いお客さんや一人客も多く、店主夫婦がきさくに話しかけています。専門のお粥をはじめ、メニューも豊富でリーズナブルな穴場食堂です。

中区東城路 19-11（射一洞 72）
☎ 053-255-7097
営 11：00～21：00　休 日曜
MAP ▶ p123 B-1

テンジャンチゲ、プルコギトッパプ
各 6,000W

北城路再発見！
まだまだ楽しめる路地めぐり

かつて大邱の中心地だった北城路。路地のあちこちに残るレトロな面影を探しながら、うろうろしてみてください！

　1905年に大邱駅ができて周辺に主要機関が集まり、大邱の目抜き通りとして栄えた北城路。1950年代から工具や工業部品などを扱う店が増えはじめ、周辺エリアとあわせて大邱産業工具通りが形成されました。かつて多くの日本人が居住したこのエリアには、日本式の建築物も数多く残っていましたが、再開発などで少しずつ姿を消しています。特に大きく変化したのは、大邱駅の南側を東西に続く北城路工具通りの北側で、古い建物のあった場所に高層マンションが建ちました。それでも、まだまだ北城路の路地は健在。あちこち散策して、路地めぐりを楽しんでくださいね。

香水 35,000W

향품달
ピャンプンタル

　12カ月の香りが揃う香水の専門店。6月の「石垣のバラ」や12月の「甘い美食家」など、凝ったネーミングで、どんな香りか気になります。店内では、アップサイクルの体験も実施。機械で粉々にしたペットボトルのキャップで、キーホルダーなどを作ることができます。

体験は、キーホルダー5,000W、キャラクターのペイント15,000W～。InstagramDMで予約

中区西城路14キル110（香村洞53-4）☎ 1566-4078
営 11：00～19：00（夏期は～20：00） 休 日曜
1号線中央路駅4番出口より3分　@cleanisland_　@ cleanisland.12
MAP ▶ p123 B-1

北城路

リノベーション後、工具博物館として使われていた木造日本家屋

最初にリノベーションされた三徳商会。日本家屋の面影が残っている

WOODMOOD <P.17>
Saie Pottery <P.79>
MORU <P.15>
テファエジャン <P.49>
北城路工具街
Radio Days
DAEGU GOODS <P.73>
大邱ハル <P.17>
FACTORY 09 <P.14>
THE POLLACK <P.70>
焼紙 <P.16>
香村手製靴センター <P.15>
無窮花百貨店
香村文化館・大邱文学館 <P.22>
緑香 <P.47>
慶尚監営公園
大邱鐘路小学校
大邱近代歴史館 <P.23>
ヒャンプンタル
ムヨンダンデパートメント <P.48>
チャバンチェッパン <P.69>
中央路駅
1970年から続く香村洞手製靴通り

Radio Days
라디오데이즈 / ラディオデイズ

アメリカーノ 5,000W　テラス席もいい雰囲気

かつて日本人が住んでいた100年以上前の日本家屋をリノベーション事業で再生し、現在はカフェを運営。店内のレトロなラジオはオーナーのコレクションで、50個以上が飾られています。畳敷きの部屋で、コーヒーやスイーツとともに、古い建物の趣を感じてください。

中区北城路70-4（北城路2街55-1）
☎ 070-7632-7648
営 11：00〜21：00　休 なし
1号線中央路駅4番出口より8分
@ radi.o.days　　MAP ▶ p122 B-4

畳敷きの部屋にラジオがたくさん

13

北城路の通りに面影が残る
工具や手製靴の長い歴史

大邱駅ができて発展した北城路を象徴する、工具と手づくりの靴。歴史に触れると、街歩きがさらに興味深くなります。

北城路ならではの工具パン
FACTORY 09
팩토리공구 / ペクトリコング

公募展で型を作ったことがきっかけで、2017年から工具型のパンを作り始めたオーナーのチェ・ヒョンソクさん。韓国語の発音が同じであることから工具＝09で、「工具を作る工場」です。北城路が工具通りで、50年のキャリアを持つ技術者がたくさんいることを知らせたいという思いで作ったブランドで、地域の産業とともに大邱を代表するローカル観光記念品を目指してきました。サクッとした工具パンは、マドレーヌとパウンドケーキの中間のようなレシピとのこと。軽い食感でコーヒーにもよく合います。個別包装で、箱詰めも可能。エプロンやキーホルダーなどのオリジナルグッズも作っています。

イートインもOK。アイスクリームと一緒に食べてもおいしい

袋入りを1つから販売。箱詰めも可能

焼きたての工具パン
モンキースパナ 2,000W、ナット 1,500W、ボルト 1,000W

工具おもちゃブランドとのコラボや国の観光公募展などでの受賞も

中区西城路 14 キル 79（大安洞 18-1）
☎ 010-3077-7465
営 12：00 〜 19：00
休 月曜
1号線中央駅 4番出口より 5分
@ factory09
MAP ▶ p122 B-4

北城路の技術を未来へつなぐ
MORU
모루 / モル

　町工場が密集していた北城路の、職人さんたちの技術と芸術の融合を目的に作られた施設。1階に工房と展示室、2階に展示室があります。年に1〜2回変わる企画展示は、地域の芸術家が北城路に来て感じたことを反映した作品が中心。北城路の成り立ちを紹介したタイムラインや北城路をテーマにした映像などの常設展示も、北城路について深く知るきっかけになります。木工などの体験プログラムも実施しています。

1階展示室「職人の部屋」。職人さんが使っていた道具を展示

中区西城路 16 キル 92-1
(大安洞 3-1)
☎ 053-252-8640
営 10：00 〜 18：00
体験プログラムは材料費のみ
5,000W〜　※日曜休み
休 月曜
1号線中央路駅 4番出口より7分
@ manufuture_bukseongro
MAP ▶ p122 B-4

MORUのシンボル、金床。모루は金床の意味

2階展示室は芸術的な空間

手作り靴通りの歴史を知る
향촌수제화센터
ヒャンチョンスジェファセント（香村手製靴センター）

　2017年、香村洞の手づくり靴通りに開館。1・2階は手づくり靴の歴史を紹介した展示空間です。ミシンや工具など、実際に使われていた道具なども展示され、館内にあるミシンに向かう職人さんの人形は、本物と見間違えるほど。職人さんたちの技術と歴史に触れてみてください。

1970年代に形成された手づくり靴通りの歴史を展示

中区西城路 14 キル 78（大安洞 19-3）
☎ 053-219-4558
営 10：00 〜 18：00　休 月曜
1号線中央路駅 3番出口より 11分
MAP ▶ p122 B-4

ミシンの音が聞こえてきそうな職人さんの人形

北城路の歴史を伝える
古い建物を生かした空間

　近代建築が多く残る北城路。リノベーション事業で再生された建物など、ステキなカフェや交流の場になっています。

ゆっくりとお茶を味わう空間
焼紙
소지 / ソジ

路地に面した入口はグレーの鉄扉のみ。2階に上がると、茶葉の瓶が並ぶ大きなカウンターのある広々とした空間が広がります。1930年代に建てられた住宅で、天井や柱など、基本的な骨組みを残して修理を加え、天井を見上げると、古い木と新しい木が交差しているのが見えます。店内では、済州島の有機農茶園で作ったお茶のほか、ティーカクテルも味わえます。お店を運営するのは二人の青年。オーナーが済州島出身で、二人とも子どもの頃から身近にお茶があったことから、大邱にも気軽にお茶を楽しむ場所があればとオープンしたとのこと。リラックスしてお茶を味わえる空間を目指しています。

済州緑茶・ほうじ茶・ウーロン茶・紅茶
各 9,000W

꽃감정과（コッカムジョンクァ）
7,000W
クルミやクリームチーズを
干し柿で巻いた茶菓子

古い柱と白い壁が調和した店内

お茶を淹れる様子を見ていると、
心が落ち着く

中区西城路14キル65　2階
（大安洞82-9）
☎ なし
営 13：00〜24：00
休 月曜
1号線中央路駅4番出口より6分
@ sozi.tearoom
MAP ▶ p122 B-4

雰囲気のある木造日本家屋
WOODMOOD
우드무드 / ウドゥムドゥ

1930年代の木造2階建て家屋をリノベーションして、工具博物館として使われていた建物。2階は畳の部屋でした。しばらく空いたままでしたが、カフェがオープンして、再び建物の趣が感じられるようになりました。2階にはカウンター席とテーブル席、小さな座敷スペースがあります。一面の格子窓越しに工具通りを眺めながら、のんびりできます。

ムドゥラテ 5,500W
ミックスアイスクリーム 4,900W

中区太平路28キル24
（太平路2街19）
☎なし
営 11：30〜20：00
休 木曜
1号線中央路駅4番出口より8分
@ woodmood_coffee
MAP ▶ p122 A-4

1階もいい雰囲気

当時の面影を残してリノベーションされた空間

本が似合うステキな空間
대구하루
테구할(大邱ハル)

1960年に建てられた2階建て木造建築物。タイルの一つひとつまで当時のものを探し歩き、外観の原型を復元しました。建物内に残っていた防空壕は、半地下状態にして本棚を設置し、テーブルと椅子を置いています。ブックカフェとしてオープンした空間には、大学で日本文化を教える代表のパク・スンジュさんを中心に、日韓交流などを通して、たくさんの出会いが生まれています。

パク・スンジュさん所蔵の本や寄贈本など、日本の本もたくさん

中区西城路14キル73（大安洞20-2）
☎ 053-242-2727
営 11：00〜20：00
休 水・金曜
1号線中央路駅4番出口より5分
@ daeguharu
MAP ▶ p122 B-4

ドリンクも各種

防空壕跡を改造した空間

韓方の香りをあびて街歩き
大邱ならではの韓方体験も！

韓方薬材店が軒を連ね、通り全体に韓方薬の香りが漂っています。歩いているだけで気分爽快、元気になりそうです！

韓方医療体験タウン
한방의료체험타운 / ハンバンウィリョチェホムタウン

大邱薬令市の活性化と韓方医療の歴史を紹介するために設立。4階の韓方体験館ではストレスのチェックなど、5階の韓方医療ビューティー体験場では、セルフビューティー体験や指圧ベッド、電子灸などの韓方医療体験ができます。6階の足湯体験場で、歩き回った疲れもスッキリ。気軽に韓方体験しながら、リフレッシュタイムを過ごしましょう。

6階の足湯体験場（予約制・当日可）
湿式20分・乾式25分 各5,000W

4階の韓方体験館（無料）

5階の韓方医療ビューティー体験場
5,000W（最大2時間）

中区中央大路77キル45
（中央路2街39-1）
☎ 053-422-1075
営 10：00〜17：30　休 月曜
1号線中央路駅1番出口より5分
http://kmeditown.go.kr/
MAP ▶ p122 B-4

大邱薬令市韓医薬博物館
대구약령시 한의약박물관 / テグヤンニョンシハニヤクパンムルグァン

韓国で最も古い薬令市の歴史や韓方について学べる博物館。1階は韓方材料の卸売市場で、2・3階が展示と体験のコーナーです。100年前の韓方市場を再現した展示も見どころ。各種体験メニューもあり、おすすめは足湯。韓方薬入りのお湯に足をつけると、体がポカポカと温まります。物販コーナーでは、韓方茶の試飲もできます。

昔の韓方薬局を再現した展示

体質や性格、健康上の特徴などがわかる四象チェック

足湯20分 5,000W
（予約制・20分前まで）

中区達句伐大路415キル49（南城路51-1）
☎ 053-253-4729　営 9：00〜18：00
休 月曜
1・2号線半月堂駅18番出口より5分
MAP ▶ p122 B-4

韓国三大韓方専門市場のひとつで、約400年の歴史がある大邱薬令市。メインストリートには、韓方医院や韓方薬局、韓方薬材卸売店などが軒を連ねています。朝早くから韓方を煎じる湯気が上がり、韓方の香りに包まれながら散歩をしたら目覚めもすっきり。中央路駅や半月堂駅からも近く、古くからの路地や小さな市場、有名パン店など、見どころがたくさんあります。

ヨンメ市場

　長い歴史のある市場。入口のチヂミ屋さんは、昼も夜もお客さんでにぎわっています。アーケードの中は、昔ながらの雰囲気。おいしい食堂や、たい焼き屋さんもあります。

ジンコルモク

韓屋の starbucks も

　この地域の方言で「長い」を意味する言葉が由来で、直訳すると「長い路地」。かつて大邱のお金持ちや名士が居を構えていたところで、その名残が見られます。

歩いて回れるエリアに残る近代を知るキーワード

DAEGU 08

大邱の歴史や産業、文化など、色濃く残る大邱の近代史を体感しながらコルモク（路地）を歩いてみましょう。

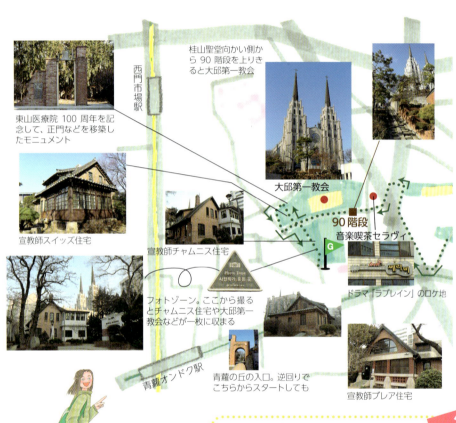

- 東山医療院100周年を記念して、正門などを移築したモニュメント
- 西門市場駅
- 桂山聖堂向かい側から90階段を上りきると大邱第一教会
- 大邱第一教会
- 宣教師スイッズ住宅
- 宣教師チャムニス住宅
- 90階段
- 音楽喫茶セラヴィ
- ドラマ「ラブレイン」のロケ地
- フォトゾーン。ここから撮るとチャムニス住宅や大邱第一教会などが一枚に収まる
- 青蘿オンドク駅
- 青蘿の丘の入口。逆回りでこちらからスタートしても
- 宣教師ブレア住宅

薬令市からスタートして青蘿の丘へ、1時間ほどでぐるっと回るルートをご紹介！

青蘿の丘
청라언덕 / チョンナオンドク

大邱にキリスト教が伝わった中心地。1893年から宣教活動をしていた宣教師たちの住宅に当時の品々を展示し、宣教・医療・教育歴史の博物館として使われている。※博物館は休館中（2024年1月現在）

桂山聖堂
계산성당 / ケサンソンダン

1902年に再建されたロマネスク様式の聖堂は、大邱に唯一残る1900年代初期の建築物。フランスから素材を持ち込んで作ったステンドグラスが美しい。

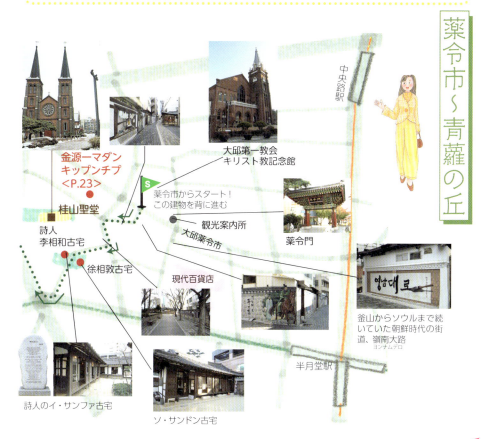

薬令市〜青蘿の丘

3.1 万歳運動の道（90階段）
3.1 만세운동길 / サミルマンセウンドンギル

1919年3月1日、ソウルから始まった独立を叫ぶ万歳運動が大邱でも繰り広げられ、この階段を往来。階段の脇には当時の写真などが展示されている。

DAEGU 09
近代の歴史にふれる街中の博物館めぐり

かつて大邱の中心地だったエリアにある歴史館や文化館。街の歴史がわかる、歩いて回れる3カ所に行ってみて。

街と文学の歴史をたどる
香村文化館・大邱文学館
향촌문화관・대구문학관 /
ヒャンチョンムナグァン・テグムナックァン

1912年に建てられた大邱初の普通銀行「鮮南銀行」の建物。1・2階に香村文化館、3・4階に大邱文学館があります。香村洞は大邱邑城が壊された後にできた町で、大邱駅ができて産業や物流の中心として発展しました。韓国戦争当時、大邱に避難してきた多くの文人や芸術家たちが、活動の拠点としたのが香村洞でした。香村文化館は、当時の香村洞の街並みや店などを再現し、大邱文学館では、大邱ゆかりの詩人や作家を紹介し、作品を展示。地下1階には、韓国初の音楽鑑賞室「緑香」（P47）があります。見学したあと、その名残を探しながら街を歩いてみると、さらに興味が深まりそうです。

現在の地図と合わせて見てみると興味深い

映画館を再現

当時発行された本のポストカードも（大邱文学館）

文人たちが酒を酌み交わした店を再現

3・4階は大邱文化館。大邱の近代文学の歴史にふれられる

中区中央大路449（香村洞9-1）
☎ 053-219-4555（香村文化館）
　053-421-1231（大邱文学館）
営 9:00〜19:00（11〜3月は〜18:00）
休 月曜
入館料：1,000W（香村文化館）
1号線中央路駅4番出口より5分
MAP ▶ p123 B-1

今と昔の街並みを体感
大邱近代歴史館
대구근대역사관 / テグクンデヨクサグァン

1932年に朝鮮殖産銀行大邱支店として建てられたルネサンス様式の建物。2011年に大邱の近代史を展示する施設として開館しました。興味深いのは、1929年から運行を開始した大邱府営バスの映像体験室。当時の街並みの映像に現在の地図が小さく表示されているので、映像を見たあとで現在の場所を歩くと、街歩きがさらに楽しくなりそうです。

方言のアナウンスを聞きながら、当時の街並みを走る

中区慶尚監営キル67
(布政洞33)
☎ 053-606-6430
営 9:00〜18:00
休 月曜（祝日の場合は翌日）
入館料：無料
1号線中央路駅4番出口より5分
MAP ▶ p122 B-4

人力車や生活道具なども展示

天井や柱、照明など、内部にも名残がある

矢印に沿って、細い路地の中へ

大邱が舞台の小説の世界へ
김원일의 마당깊은집
キムウォニレマダンキップンチプ
（金源一の深い中庭のある家）

1988年作の『마당깊은집（マダンキップンチプ）』は小説家・金源一の自伝的長編小説で、国内で幅広く知られた作品。館内には、当時の部屋を再現し、小説の登場人物やストーリーを紹介する展示があります。薬令市のメインストリートにある小説の背景となった場所あたりには、主人公キルナムの像も。日本で翻訳本も出版されています。

小説の舞台や時代背景を詳しく紹介

母親が実際に使っていたミシンの展示も

中区薬令キル33-10（桂山洞2街26）
☎ 053-426-2250　営 9:00〜18:00　休 月曜
1・2号線半月堂駅18番出口より5分　MAP ▶ p122 B-4

コーヒーの街、大邱で美味なるコーヒーを飲む

DAEGU 10

人口の比率に対してコーヒー専門店の数が一番多いといわれる大邱。おいしいコーヒーのお店が増え続けています！

コーヒーと空間を楽しむ
수평적관계
スピョンチョクカンゲ（水平的関係）

「水平的関係」という、ちょっと不思議な店名のカフェ。「同じ時間と空間の中でお互いを知っていくように、一杯のコーヒーとコミュニケーションでフラットな関係を目指す」をコンセプトに、コーヒーをベースに専門家たちとコラボしながら、多様な活動を展開しています。スタイリッシュな雰囲気の建物に入ると、ゆったりとした中庭と韓屋の屋根を残した建物があり、韓定食のお店だった韓国伝統家屋をリモデルしたステキな空間。店内では、ハンドドリップで丁寧に淹れるコーヒーのほか、カフェオレやアインシュペナー、ミルクティーなどが味わえます。

ミルクとエスプレッソのしっかりとした味わい
カフェオレ 6,000W

クリームチーズやオレンジピールを干し柿で巻いた
꽃감말이（コッカムマリ）
5,300W

praline
自家製キャラメル＆クリームとアーモンドが美味

インドネシアの豆で淹れたおすすめコーヒー 6,500W
選んだコーヒーの内容が記された用紙を添えて

奥の建物にはギャラリーも

中区東徳路 26 キル 115
（三徳洞 3 街 218-1）
☎ 053-218-4602
営 10：30 ～ 22：00（LO21：30）
休 なし
2 号線慶大病院駅 4 番出口より 14 分
@ flat_relationship
MAP ▶ p123 C-4

大邱コーヒーのパイオニア
CAMP by 커피명가
キャンプバイコピミョンガ（珈琲明家）

　国内のコーヒーブランドチェーン第1号で、1990年創業の珈琲明家。桂山聖堂横にあるこのお店は15年前にオープンした直営店で、キャンプ場をコンセプトに、広々とした開放感のある空間です。自家焙煎のハンドドリップコーヒーのほか、シナモンが香るミョンガチーノも定番人気。また、珈琲明家といえばイチゴケーキ。たくさんの人がシーズンを待ち構えています。

桂山聖堂を一望する
カウンター席もおすすめ

店内の奥にはブックショップも

定番人気のミョンガチーノ
5,300W

イチゴケーキ 8,500W。発売日は SNS で確認を

中区西城路20（桂山洞2街50）☎ 053-422-0892
営 8:00〜21:00　休 なし
1・2号線半月堂駅18番出口より7分
@ coffee.myungga　　MAP ▶ p122 C-3

おいしいコーヒーと看板犬
이에커피
イエコピ

　三徳洞の「家コーヒー」が2020年に移転オープン。メニューはコーヒー3種類だけで、シングルオリジン、スペシャルティをロースティングし、その時々のおいしい豆を使っています。店内には、トレードマークのスピーカーと自転車、そしてその隙間から顔をのぞかせる看板犬のポリ。音楽とコーヒーを楽しみながら、ゆったりとした時間が過ごせます。

苦みのあるしっかりとした味のラテ 4,000W

中区達句伐大路446 キル31（大鳳洞 7-49）
☎ なし
営 10:30〜18:30
休 水曜
2号線慶大病院駅3番出口より8分
@eecoff_ee
MAP ▶ p123 D-3

店内に馴染む
ゴールデンレトリバーの
ポリ。犬連れ来店OK

アメリカーノ 3,500W

DAEGU 11

やっぱりコーヒー！
個性が光る専門店へご案内

街を歩けばあちこちにあるコーヒーショップ。コーヒーのクオリティはもちろん、スイーツも外せないお店はここ！

ここだけのコーヒーを味わう
BROWN SUGAR
브라운슈가 / ブラウンシュガー

웜홀（ワームホール）
5,000W

当時はまだ人通りが少なかったウエディング通りに、2008年オープンの常連でにぎわうカフェ。人気の秘訣は個性的なコーヒーとケーキ。人気の「ワームホール」など、ほかにないメニューを試行錯誤を重ねて作り上げます。ケーキも同様で、しっとりとして弾力のあるダークチョコスポンジとイチゴ、なめらかな生クリームがマッチした季節のケーキ「マチルダ」は、映画『マチルダ』のチョコレートケーキをイメージ。コーヒーもスイーツも、ビジュアル、味、ネーミングすべて、オリジナリティにあふれています。

オーナーの
イム・スヨルさん

ドイツ式リンゴケーキ 7,500W
濃厚なマスカルポーネったっぷり

마틸다（マチルダ）9,000W、ブラウンラテ 4,500W

ガラス張りの明るい店内

中区明徳路 65 キル 56（大鳳洞 117-8）
☎ 053-256-1178
営 10：00～22：00
休 月 1 回不定休
3 号線大鳳橋駅 1 番出口より 5 分または
2 号線慶大病院駅 3 番出口より 10 分
@ brownonce
MAP ▶ p123 D-3

コーヒー&キュートなスイーツ
The Dance（2017）
 더댄스 / ドデンス

2017年オープン。現在は、ソウルでカフェを始めたオーナーのお姉さんが店を守っています。目立つ看板もなく、ゆっくりできる隠れ家的のような雰囲気は変わらず、大邱とソウルで同じメニューが楽しめます。デザートは定番とシーズンで5〜6種類。ふわふわのムースクリームがほんのり甘い、とうもろこしタルトが人気です。

シナモンビエンナ
コーヒー 6,500W

イチゴモンブラン 7,000W

やわらかい光が入る店内

とうもろこしタルト 6,000W
タルトは3種類で日によって素材が変わる

中区国債報償路 102 キル 35（桂山洞 1 街 83-9）
☎ 010-5140-1922
営 12：00〜18：00（土・日曜は 11：00〜19：00）
休 月曜（祝日は営業）
1 号線中央路駅 1 番出口
または 1・2 号線半月堂駅 18 番出口より 10 分
@ the.dance.2017　MAP ▶ p122 B-3

おいしいラテならここ！
DUGGY COFFEE
 더기커피 / ドギコピ

人気のラテは、数種類をブレンディングして味に深みを出した牛乳とエスプレッソのバランスが絶妙。アインシュペナーに地名を冠したトクサンシュペナーは、ナッツの香ばしさと濃いラテが口の中で溶け合う深みのある味です。毎日店内で10種類ほど焼くフィナンシェとともに、ぜひ味わってみてください。

ラテを注文するお客さんが
たくさん

덕산슈페너
（アイスのみ）
4,900W

ベーキングパウダーを使わず、
素材感のあるしっかりした食感

中区中央大路 376-20（徳山洞 124-26）
☎ 053-253-4384
営 8：00〜21：30（LO21：00）
休 月曜
1・2 号線半月堂駅 12 番出口より 2 分
@ duggy_coffee
MAP ▶ p123 C-1

ラテ 4,000W。フィナンシェは、はちみつ
サツマイモ、ヴァローナチョコ各 2,900W

ブランチがおすすめ！
パンもスイーツもおいしいお店

パンや具材にこだわった、おいしいサンドイッチでブランチやランチはいかが？ スイーツまで楽しめちゃいます！

ビジュアルもステキなブランチ
아눅 앞산
アヌク アプサン

アプ山の麓にある眺めのよいブランチカフェ。古い洋式家屋をリモデルした、広々とした空間です。ルーフトップはもちろん、地下から2階までの店内にも大きな窓があり、そこから見える自然の光と影が織り成す風景は、1日のどの時間に訪れても印象的。ブランチは、パンやスープ、サラダなどが揃います。人気のフレンチトーストは、自家製ブリオッシュの食パンに、たっぷりの季節の果物とキャラメルライジングしたバナナ、オーガニックメイプルシロップがポイント。外はカリカリ、中はしっとりした自家製チャバタのサンドイッチもおすすめです。

マッシュルームスープ 12,000W
新鮮なマッシュルームと玉ねぎ、ベーコン、トリュフオイルを使った濃厚なスープ

ビジュアルもステキなフレンチトースト 14,000W
グレープフルーツエイド 6,500W

チャバタサンドイッチ
12,000W

窓から大邱市内を一望

種類豊富な焼菓子がラインナップ
レモンマドレーヌ 2,500W

南区アプ山循環路 459（大明洞 540-8）
☎ 0507-1422-1060
営 10：00～22：00（21：00LO）
※ブランチは～17：00　休 なし
1号線アンジラン駅2番出口より17分
@ a.nook_
MAP ▶ p125 A-2

人柄が伝わる味と雰囲気
SUNBELOW
썬빌로우 / サンビロウ

ラテ好きの店主が作るラテは3種類。アイスオンリーのアーモンドラテやアイスクリームラテは、氷を入れずに冷やした牛乳を使っているので、薄くならずに最後までおいしく飲めます。ランチやブランチにおすすめは、ソウルのおいしいお店で食べた店主が、自分でカフェをオープンしたらメニューにしたいと思っていたというジャンボン・ブール。パリッとしたバゲットに、フランスのイズニーバターとハムをたっぷり挟んでいます。スイーツはプリンや焼菓子など。盛り付けやテイクアウトのラッピングに自然の木の実や葉を添えるなど、どこを見ても一つひとつに心配りが感じられる居心地のよいお店です。

ホットチョコレート 6,000W

香ばしさを感じる
ピスタチオシェイク 6,500W

温かみを感じるインテリア

プリン 4,500W
日本のプリンが好きで作ったそう

アーモンドラテ 5,000W

ラッピングもステキ

ジャンボン・ブール 10,500W
たっぷりのハムとバターでボリューミー

中区達句伐大路 447 キル 31 (三徳洞 3 街 315-6)
☎ なし　営 12：00～18：00　休 不定休（Instagramで告知）
2 号線慶大病院駅 4 番出口より 10 分
@ _sunbelow　MAP ▶ p123 C-4

29

大邱の美味しいスイーツ
日々進化しています！①

行くたびにおいしいスイーツがみつかる大邱。市内中心部以外にも、わざわざ食べにいきたいケーキがあるのです！

やさしい味わいのケーキ
way to go
웨이투고 / ウェイトゥゴ

2017年オープン。お母さんがケーキ、お父さんがコーヒー、娘さんがパンを作り、親子3人で営んでいます。ショーケースに並ぶのは、「お母さんの手が生み出すおいしいケーキ」。試行錯誤の末、自分だけのレシピを編み出しました。一番人気はイギリスの定番デザート「BANOFFEE PIE」。やわらかいバタークッキーのようなパイ生地と手製のキャラメル、バナナ、新鮮な生クリームの4層を一口でほおばるのがおいしく食べる秘訣です。その味は、本場イギリスよりおいしいと言われるほど。市内から少し離れていますが、わざわざ行きたいアットホームなお店です。

딸기초코（イチゴチョコ）8,500W
イチゴがおいしい時期だけの限定メニュー（11月末〜3月）

娘さんが焼くパンも人気。
トマトチーズチャバタ
3,300W

果物を漬け込んだ
自家製アップルレモンティー
5,500W

바노피파이（BANOFFEE PIE）オリジナル 7,500W、チョコ 8,000W

かわいらしい雰囲気の店内

達西区ウォルベ路40キル11
（上仁洞 251-21）
☎ 053-637-2645
営 10：30〜22：00
休 日曜
1号線上仁駅3番出口より6分
@ waytogo._
MAP ▶ p125 D-2

かわいらしいパティスリー
베리나이스
ベリナイス

「小さくてきれい、そしておいしいフランスのデザートに魅せられた」という店主が、長い研究の末にオープンしたお店は、フランスの正統デザートを目指すパティスリー。旬の果物を使ったタルトやスペインアーモンドパウダーとガナッシュのマカロン、濃厚な生地と自家製キャラメルのキャラメルミルフィーユなど、パティシエ＆ショコラティエの店主が作る繊細なスイーツです。

砂糖漬けにしたオレンジをチョコレートで包んだオランジェット 2,500W

かわいらしい店内。
イートインもOK

コニャックとダークラムが入った
大人のチョコレートケーキ。
ムースケーキ 8,500W

レモンゼストとレモングラッセで爽やかな味の
レモンマドレーヌ 2,800W

寿城区ムハク路29キル2（池山洞1065-94）
☎なし 営12：00〜19：30 休 月曜
3号線寿城池駅1番出口より7分
@ __berry_nice__　MAP ▶ p124 B-4

カフェラテ 4,500W
ラテのおいしさには
定評あり

素材豊かなブラウニー
SHINE.OF.YOU
샤인오브유 / シャインオブユー

ブラウニー専門のスイーツカフェ。多種多様なブラウニーを店内で焼いています。表面サクサク、中しっとり。カボチャやヨモギ、クリ、黒ゴマなどの素材によって食感が変わり、しっかりと食べ応えがあります。冬はラズベリークリームチーズ、夏はスイートコーンが人気です。

カボチャのブラウニー 5,000W。スイーツだけど食事感覚！

シンプルな店内

中区東徳路84-3（大鳳洞21-6）
☎なし 営11：00〜20：00
休 火曜、最終月曜
2号線慶大病院駅3番出口より4分
@ shine.of.you　MAP ▶ p123 C-3

ショーケースに並ぶ
素材感のあるブラウニー

DAEGU 14

大邱の美味しいスイーツ 日々進化しています！②

正統派のケーキはもちろん、想像を超える新感覚のスイーツがみつかるのが大邱。スイーツめぐり、おすすめです！

ビジュアルも味も◎
APRES bakeshop
아프레 베이크샵 / アプレ ベイクシャッ

東城路にオープンして10年以上。ショップの2階では、オーナーのイ・ミンヨンさんがベーキングスクールを運営しています。店内のショーケースには、繊細で美しいケーキが並び、イートインはお皿にフルーツを添えて、すてきな装いに。冬のイチゴのショートケーキやレモンクリームがさわやかなピスタチオレモンケーキ、アールグレイタルトのほか、夏のスイートコーンピンス（かき氷）も人気です。お客さんの要望でロングセラーになったペンショも外せないメニューです。

寒い冬にポカポカ温まる
ペンショ 6,500W

アールグレイタルト 8,000W

オールアバウトチョコケーキ 7,500W
砂糖を使わず、チョコレートだけの濃厚な味

ピスタチオレモンケーキ 8,000W

イチゴケーキ 7,500W、ソルティピーナッツクリームラテ 5,500W
ふんわりスポンジ&生クリームにイチゴがたっぷり

中区東城路1キル52（鳳山洞 28-6）
☎ 053-424-9006
営 11：00〜22：00（LO21：00）
休 月曜（祝日は営業）
1・2号線半月堂駅10番出口より2分
@ apres_bakeshop
MAP ▶ p123 C-1

オリジナルの味！
이씨에그타르트
イシエッグタルトゥ

季節商品など、今まで作ったエッグタルトを紹介

東城路にあるエッグタルト専門店。エッグタルトを極めるため、発祥の国ポルトガルまで行って学びました。ポルトガル式のエッグタルトは、クリームが入ったペストリーを意味するPASTEL DE NAPAという名称です。店内で焼くエッグタルトは、オリジナルのほか、トウモロコシやヌルンジ（おこげ）など。サクサクの生地に玉子たっぷりのやさしい味です。

1日中焼いているので、いつも焼きたてが味わえる

オリジナルグッズもいろいろ。靴下 9,900W、ポーチ 12,000W

各 3,000W。左からオリジナル、トウモロコシ、ヌルンジ

中区達句伐大路 2109-35
（東城路 3 街 66-13）　なし
営 11：00 〜 20：30　休 なし
1・2 号線半月堂駅 12 番出口より 6 分　@ ici.nafa
MAP ▶ p123 C-1

新感覚のマドレーヌ
EARTHY
얼디 / オルティ

シンプルでおしゃれな店内

フィナンシェ＆マドレーヌの専門店。慶尚北道クミで営業の後、2023年に現在地でスタートしました。マドレーヌは、一般的なしっとりやわらかいタイプはなく、サクサク食感で中にクリームがたっぷり入ったオリジナルスタイル。コーヒーによく合います。大邱で新たに登場したクッキーシューも人気です。

ピーナッツ（左）とヨモギ、各 3,300W
カフェラテ 5,000W

ピスタチオクリームラテ 6,000W

中区達句伐大路 445 キル 26-5
（三徳洞 3 街 321-5）
　なし
営 10：00 〜 19：00
休 不定休
2 号線慶大病院駅 4 番出口より 8 分
@ earthy.f1
MAP ▶ p123 C-3

DAEGU 15

オールシーズンOK！
ビジュアル系アイスデザート

韓国の人気かき氷「ピンス」はもちろん、素材感あふれるジェラートやアイスクリーム。ビジュアルも味も最高です！

果物ピンスの人気店
모모상점
モモサンジョム

イチゴやモモ、イチジク、チェリーなど、季節の果物をふんだんに使ったピンス（かき氷）の人気店。丸く盛った氷には、それぞれの果物の自家製シロップがたっぷりかかり、口どけのよい氷の中から、新鮮な果物がごろごろと出てきます。定番のミルクピンスは甘くてやさしい味で、トッピング追加もおすすめ（きなこ、黒ゴマ、チョコレート）。その日に作った太めの柔らかい餅と2カ月熟成させた自家製コチュジャンで作るトッポッキは、その名の通り「お母さんの味」。自家製グラノーラなども販売しています。

イチゴピンス
中からイチゴが
ゴロゴロ

엄마떡볶이
（お母さんのトッポッキ）8,900W
ナプチャクマンドゥ 6,000W

イチジクピンス
※果物のピンスは時価

自家製グラノーラ
12,500W〜

自家製コチュジャン・チョコチュジャン
各 11,000W

ミルクピンス＋きなこ 14,500W
さらさらの氷に香ばしいきなこがマッチ

中区国債報償路 150 キル 30
（東仁洞 4 街 426-3）
☎ 053-424-1019
営 11:00〜20:30（20:00LO）、
月曜は〜18:00（17:00LO）
休 火曜 ※売り切れ次第終了
休み、かき氷の内容は SNS で確認
2 号線慶大病院駅 4 番出口より 15 分
@momo_sa
MAP ▶ p123 C-4

自然の恵みをジェラートで！
HALTAVOCA
할타보카 / ハルタポカ

寿城区教学路 3 クムタプアパート商店街
4 号（晩村洞 860）
☎ 053-752-4742
営 12：00〜22：00
（日曜は〜21：00）
休 月曜
2 号線タムティ駅 2 番出口よりすぐ
@haltavoca　MAP ▶ p124 D-4

オープン当初から人気の白米や黒米、季節の果物をはじめ、チョコミントやバター塩ミルクなど、オリジナルジェラートが15〜17種類。ユニークなネーミングの「よく熟したトマト」は甘酸っぱさが広がり、「焼いたカボチャ」は素材感たっぷりでクリーミー。大邱近郊のマッコリで作る「トンゴクドンドンジュ」は、シャーベットのような味わいです。

6 パックセット
27,000W

笑顔で接客。
慶州にも店舗あり

焼いたカボチャとトンゴクドンドンジュ、トッピングによく熟したトマト

済州島抹茶とヨーグルト、トッピングにミントチョコ。カップ・コーン
各 5,000W

アイスクリームラテ
5,500W

おいしいアイスクリーム！
포도커피
ポドコピ

アイスクリームとコーヒーのお店。定番のミルクアイスは、なめらかで生クリームのようなコクがあります。ほんのり甘いアイスにバジルが香る、ミルク＋バジルオイルもおすすめです。砂糖をかけてあぶり、ブリュレのように仕上げた焼き芋は、しっとり＆ほくほく。看板のない小さなお店なので、通り過ぎないように気をつけて。

シンプルな店内

中区国債報償路 125 キル 15
（公平洞 1-5）
☎ なし
営 12：00〜23：00
休 なし
1 号線中央路駅 3 番出口より 7 分
@podo_coffee　MAP ▶ p123 B-2

定番人気の
ミルク＋バジルオイル
5,000W

冬期限定の
イチゴアイス
6,000W

寒い冬の温かメニュー
焼き芋 5,000W
ココア 5,000W

金光石通りがある大鳳洞
街歩きも楽しいエリアです

2号線慶大病院駅から南東の大鳳洞エリア。金光石通りやパンチョン市場が知られていますが、ステキなカフェもあるんです。

2号線慶大病院駅3番出口を出て、南東方向へ。道路に沿って歩いて行くと、パンチョン市場のゲートがあります。市場に隣接して観光客でにぎわう金光石通りがあるので、市場のゲートにもギターが。昼間のパンチョン市場は昔ながらの雰囲気ですが、有名豚足店があるので、夜になると多くのお客さんが訪れます。市場周辺は古くからの住宅街。そこにコーヒーやケーキのおいしいカフェが増えてきています。ぶらぶらしてみてください。

金光石追憶の道

1980年代を代表する歌手の金光石は、今も語り継がれる韓国の国民的歌手。若くしてこの世を去った大邱出身のフォークシンガーです。隣接するパンチョン市場の活性化プロジェクトで、350メートルの細い通りに金光石にまつわる壁画が描かれ、歌が流れています。国民から愛された金光石の思い出に触れられる場所として人気です。

2号線慶大病院駅3番出口より7分

若いアーティストもカバーしているので、聞き覚えのある曲も多いかも

昼とは違った雰囲気に

夜になると飲食店がにぎわう

パンチョン市場

　1960年代には、西門市場、七星市場とともに、大邱三大市場に数えられる市場でした。1990年代から店舗数が減り続けて寂しい市場になってしまっていましたが、活性化プロジェクトにより、再び注目されるように。金光石通りとともに、市場の風情も楽しめます。

2号線慶大病院駅を3番出口より4分　MAP▶p123 D-3

慶大病院駅③

大鳳洞

SHINE.OF.YOU <P.31>

mo.nam.hee <P.73>

BOOKSELLER <P.71>

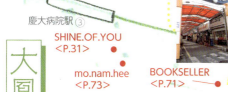

トンゴクマッコリ <P.63>

パンチョン市場

金光石銅像

イエコピ <P.25>

SECOND PROJECT <P.75>

organic moga <P.83>

金光石ストーリーハウス

BROWN SUGAR <P.26>

金光石ストーリーハウス

　金光石の遺品100点余りを展示。レコードジャケットや楽器をはじめ、写真や日記帳、インタビュー記事など、金光石の素顔にも触れられます。デビューから最盛期までの貴重な映像や、ラジオDJをしていた時のプログラムなど、映像や声で生前の金光石を知ることができる貴重な展示も。ショップではCDやグッズなども販売しています。

CDなどを販売

金光石のすべての曲が聴ける

中区東徳路8キル14-3
(大鳳洞40-53)
☎ 053-423-2017
営 10:00〜19:00
(11〜3月は〜18:00)
休 月曜　料 2,000W
MAP▶p123 D 3

住宅街の三徳洞エリア
カフェ&雑貨屋さんめぐり

2号線慶大病院駅から北東の三徳洞エリア。古い住宅街の街並みに溶け込むような、ステキなお店がたくさんあります。

2号線慶大病院駅4番出口を出て、北東方向へ。大規模マンションのまわりには、昔ながらの家が建ち並んでいます。古い家屋を生かしたお店や、目立つ看板も出さずに街並みに溶け込んだお店など、個性が感じられます。カフェやスイーツショップ、雑貨屋さん、本屋さんなどなど。繁華街ではない落ち着きのある街で、散策しながらお店めぐりを楽しみましょう。

꽃이 왔다 일생이 참 환하다
コチワッタ イルセンイチャムファナダ

　長い店名が印象的なお店は、小さな本屋さん。ビルの3階にあり、道路に立てられた看板だけが目印です。店内には、詩や小説、エッセイなど人文学を中心に、独立出版物などが並び、布製のモビールやキーホルダーなど、作家さんの作品も販売。やわらかい日差しが入る店内は、春の訪れを感じるような、やさしい雰囲気です。

明るい店内

中区三徳洞3街220-2　3階
なし
営 14：00〜18：00　休 日〜水曜
2号線慶大病院駅4番出口より13分
MAP▶p123 C-4

それぞれにテーマがある
ステキなモビール 32,000W

삼덕마루
サムドクマル

　大邱三徳小学校の旧官舎で、1939年、大邱徳山公立尋常小学校の校長官舎として建てられた木造建築物。和風建築の特徴が見られ、大邱地域に現存する数少ない当時の官舎です。現在は、コミュニティセンター&小さな図書館として活用。

中区東徳路 26 キル 103（三徳洞 3 街 221）
☎ 053-661-3603
営 9：00 〜 18：00（土曜は〜 13：00） 休 日曜
2 号線慶大病院駅 4 番出口より 11 分

かわいい壁画がたくさん

古い建物も残る

モモサンジョム <P.34>

object <P.77>

Jenny's Botari <P.74>

ハノクモガ ピョルチェ <P.83>

サラムドゥルン チュルゴプタ <P.65>

SUNBELOW <P.29>

スピョンチョクカンゲ <P.24>

ハノクモガ <P.82>

テプンシクタン

サムドクマル

コチワッタ イルセンイチャム ファナダ

三徳洞

④ 慶大病院駅

대풍식당
テプンシクタン

　韓国の家庭で食べるような「お母さんの味」のごはん。チゲには1年に1度大量に漬けるキムジャンキムチを使い、おかずのキムチは季節の野菜をその都度漬けています。旅行中にふと食べたくなる韓国の普通のごはん。そのおいしさに大満足のお店です。8時から営業しているので、朝ごはんも可能。

中区達句伐大路 447 キル 29（三徳洞 3 街 315-4）
☎ なし
営 8：00 〜 20：00（早く閉店する場合あり）
休 第1日曜
2 号線慶大病院駅 4 番出口より 8 分　MAP ▶ p123 C-4

普通の家のような店内

注文は1人分からOK。テンジャンチゲ、キムチチゲなど各 8,000W

大邱の市場はまずここへ！
昼も夜も楽しい 西門市場

DAEGU 18

ぜったいに外せない市場めぐり。その地方ならではの特色があります。ないものがないと言われる西門市場を歩いてみて！

細い路地に
食堂がひしめく
市場らしい風景

朝鮮三大市場の一つに数えられ、長い歴史をもつ西門市場。4,000軒あまりの店舗があり、大邱の主要産業である繊維関連の商品を中心に、生活用品から生鮮食品まで、「ないものがない」と言われるほど、何でもそろう大規模な市場です。食堂や屋台も多いので、朝ごはん、昼ごはんもおまかせ！朝早くから1日中大勢の人でにぎわっています。2016年から開かれるようになった夜市場は、市場の店舗が閉まった後に屋台が並び、話題のグルメや行列ができるお店も多数。昼も夜も楽しめる西門市場へGO！ MAP▶p122 B-2

합천할매손칼국수
ハプチョンハルメソンカルグクス

50年伝統の3代続くカルグクス店。店主が朝早くから店頭では麺を打っています。打ちたて、茹でたての麺を煮干しと昆布、大根、ネギの根でとった出汁で。すっきりとした味わいで、朝ごはんにもぴったりです。

営 7：00〜19：00
休 なし

カルグクス 6,000W

店内でゆっくり
食べられる

早朝から麺を打っ
ているが、8時頃
が一番確実

미연국수
ミヨンククス

チャプサルスジェビの人気店。白玉団子のような丸いスジェビがたっぷり入ったわかめとエゴマ粉のスープは、少しとろみのあるやさしい味です。香ばしいゴマをトッピングしたカルグクスもおすすめ。

営 9:30～17:30
休 なし

チャプサルスジェビ
6,000W

미성당
ミソンダン

大邱10味のひとつ、납작만두（ぺちゃんこ餃子）の人気店。4,000W

西門市場

一番大きなゲート、東1門からスタート。夜市場の屋台もこの通りに並びます。

서문웰빙보리밥
ソムンウェルビンポリパプ

ホウレンソウやモヤシのナムル、生野菜など、たっぷりの野菜とヘルシーな麦ごはん。

씨앗호떡
シアッホットク

いつもお客さんがいっぱいの人気ホットク店。ヒマワリの種やナッツなどが入って香ばしいホットクです。

西門市場の穴場はここ！
ローカルな5地区が楽しい

DAEGU 19

3号線の西門市場駅から入ると、屋台や食堂で賑わう中心エリアに向かいますが、今日は5地区に行ってみましょう！

おなじみの大きなゲートをくぐったら、ひたすら歩いていきます。通常は、南1・2門あたりで、西門市場のメインともいえる1地区や4地区（工事中）の方向に入っていくことが多いですが、そのままずっと進んでいくと、5地区があるのです。5地区は少し離れているのと、卸売りが中心ということで、西門市場といえば、1～4地区のイメージが大きいようです。が、5地区には、地元の人たちおすすめのおいしいお店があったり、ローカル市場の風情が味わえたりと、広くはないですが、なかなかおもしろいのです。ぜひ5地区に足をのばしてみてください。

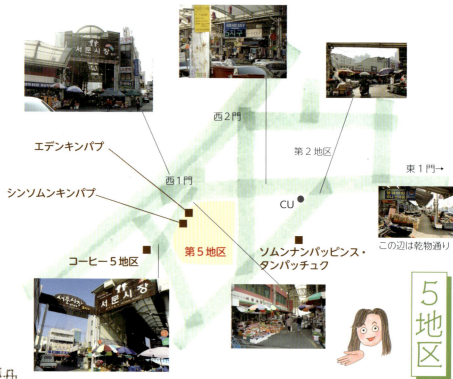

에덴김밥
エデンキンパプ

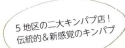
5地区の二大キンパプ店！
伝統的＆新感覚のキンパプ

신서문김밥
シンソムンキンパプ

　1986年オープンの地元で人気のキンパプ店。農場から直送する玉子と釜山のおでんで作る、ふっくらとした玉子焼きとおでん炒め、野菜を巻いた基本のキンパプは、シンプルながらしっかりとした素材の味が感じられます。添えてくれる自家製キムチも美味。各種具材のキンパプや稲荷寿司のほか、麺料理も種類豊富です。

　店頭のメニューを見て、心惹かれたのが、おこのみキンパプ。玉子にくぐらせてこんがり焼いたキンパプに、ソース、マヨネーズ、かつおぶしをトッピング。その香りはまさにお好み焼きで、新感覚のおいしさです。ほかにもユニークなメニューが揃い、サクッとした食感で、ほんのり甘い玉子トーストもおすすめです。

エデンキンパプ 3,000W

具がたっぷり！

おこのみキンパプ 5,500 W

サラダ玉子トースト 5,000W

営　5:30～18:00
休　日曜

営　5:30～18:30
休　水曜

커피 5 지구
コピオチグ（コーヒー5地区）

おいしいコーヒーと
デザートで休憩！

소문난 팥빙수 단팥죽
ソムンナンパッピンス・タンパッチュク

　食事のあとは、おいしいコーヒーを。5地区の南側ゲート前の古いビルの1階にあり、外から大きな焙煎機が見えます。ガラス張りのドア越しに、のどかな市場の風景をながめながら、至福の一杯。豆を選別する音や香ばしい香りに包まれながら、ゆっくりできます。コーヒー豆やドリップパックの販売もあります。

　5地区へ続く道沿いにある、パッピンス（小豆のかき氷）とタンパッチュク（お汁粉）の人気店。毎朝茹でる小豆はふっくらとしていて、地元の人たちも大絶賛です。氷の上にたっぷりの小豆がのったかき氷とクリーミーなお汁粉は、韓国の人たちの思い出の味。餡とナッツをサンドしたトーストもおやつにぴったりです。

存在感のある焙煎機

アメリカーノ 3,000W

小豆トースト
3,000W
（牛乳付き）

営　9:00～19:00
休　なし

毎朝茹でる小豆をふっくらと炊き上げる

営　11:00～17:00
休　第2・4月曜

校洞探検！
迷路のような路地と市場

繁華街の東城路からも近いエリアながら、細い路地の中は昔の風景。まるでタイムスリップしたようなおもしろさです！

　校洞という地名は、朝鮮時代の教育機関、郷校があったことから付けられました。郷校は1930年代に移転し、その後韓国戦争で大邱に避難してきた人たちが米軍の流出品などを売りはじめ、一帯はヤンキー市場と呼ばれました。以降、1970〜80年代には電子・電気関係、貴金属、衣類、食料品など、ないものがないと言われるほど発展。現在も通りのお店にその面影が残っています。古い食堂や屋台が並ぶ食べもの通りでは、大邱10味のナプチャクマンドゥやピリ辛の出汁で食べるヤンニョムオデンなど、大邱の人たちにとって懐かしい味が並んでいます。アーケードのある校洞市場は、細い通路が一直線に続く小さな市場です。最近では、周辺の路地の中に日本風の居酒屋などができて、週末になると若者が列をなすホットプレイスにもなっています。

MAP ▶p123 B-1

チャンチククス 4,500W

白雲麺
백운면 / ペグンミョン

　地元で人気の麺料理店。12時間熟成させ、注文と同時に製麺した生麺で作るカルグクス。コシがあってやわらかい、のど越しのよい麺が、あっさりした出汁によく合います。

カルグクス
6,000W
(夏期は休み)

←大邱駅

白雲麺

昔ながらの
電気店が並ぶ通り

マクサンガ

キョドンハルメ
ヤンニョムオデン
ナプチャクマンドゥ

校洞

テホサロン
<P.66>

校洞市場

막삼가
マクサンガ

若者で賑わう活気のある店内

　外観は古い電気店のまま。いつもにぎわうお店は、マクチャンの人気店。ぐるぐる回しながら強火で下焼きしたものを、テーブルの炭火でカリカリに仕上げます。

③

中央路駅

東城路

細〜い市場！

カリカリでジューシーなマクチャン。1人分 11,000W、最初の注文は3人分から

교동할매양념오뎅납작만두
キョドンハルメヤンニョムオデンナプチャクマンドゥ

　1969年から続く軽食のお店。店頭の鉄板では、ナプチャクマンドゥが香ばしく焼き上がっています。店名にもなっているもう一つの人気メニューは、ヤンニョムオデン。練り製品のおでんを、薬味を加えた出汁で煮たもの。もっちりとしたおでんとピリ辛のスープがマッチしています。

ナプチャクマンドゥとヤンニョムオデン 各 4,000W

中区東城路 70-8（東城路1街 14-1）
☎ 053-423-6403
営 10：00〜20：00（19：45LO）
休 木曜　1号線中央路駅3番出口より4分

熱々のヤンニョムオデン

次々と焼き上がる
ナプチャクマンドゥ

古き良き文化の香り
音楽鑑賞室＆喫茶店

大邱に移り住んできた芸術家たちによって、多くの作品が生まれ、文化が育まれた大邱。その名残を感じてみてください。

レトロな音楽空間
하이마트 음악감상실

ハイマトゥ ウマクカンサンシル（音楽鑑賞室）

ステキなデザインのチケット

1957年にオープンした音楽鑑賞室。ハイマートはドイツ語で故郷を意味します。現在の経営者は3代目。1970年代から80年代に大邱で青春時代を送った人たちにとっては懐かしい思い出の場所であり、新鮮な魅力を感じた若者たちも、たくさん訪れています。入場料を払って店内に入ると、飲み物を選んで鑑賞室へ。聴きたい音楽をリクエストすることもできます。大きなスピーカーから流れる音楽は、全身を包み込むような深い響き。旅の途中、音楽を通して、古き良き時代の大邱にふれてみてください。

コーヒーを飲みながら音楽鑑賞を

懐かしさを感じる昔の喫茶店のような空間

初代オーナーのレコードコレクション。リクエストはここで

レトロな音楽鑑賞室で、クラシック音楽などを楽しんで

中区東城路6キル45（公平洞16-21）
☎ 053-425-3943
営 12：00～21：00
休 なし
入場料 8,000W（ドリンク込み）
1号線中央路駅2番出口より7分
MAP ▶ p123 B-2

懐かしい喫茶店
미도다방　美都茶房

ミドタバン

　40年以上前のオープン当初から文化人や芸術家が集う場所で、ジンコルモクの中の現在地へ移ってからも雰囲気は変わらず、思い出を懐かしむように人々が訪れます。長年の年配客が多いなか、レトロ文化の流行で若者客もたくさん。長時間くつろいで帰る人が多いことから、昔ながらのお菓子も提供。お客さんたちに笑顔で接するマダムの姿も印象的です。

双和茶 5,000W
山盛りのお菓子がうれしい

韓服姿がよく似合うオーナーのチョン・インスクさん

中区ジンコルモクキル 14
(鍾路 2 街 85-1)
☎ 053-252-9999
営 9：30 ～ 22：00
休 なし
1 号線中央路駅 1 番出口より 5 分
MAP ▶ p123 B-1

懐かしい雰囲気の店内

レトロなデザインのチケットを記念に

音楽と文化の香り
녹향　緑香
ノッキャン

　1946年に開かれた韓国で最も古い古典音楽の鑑賞室。韓国戦争当時、大邱に避難して来た芸術家たちが、この場所から夢を追いかけ、多くの作品が生まれた場所でもあります。その後、何度も場所を移したあと、2014年、香村文化館の開館に伴って、地下 1 階に移転しました。流れる音楽は時間帯によって変わり、リクエストも可能です。

映画音楽や古典音楽などを聴きながらゆっくりできる

中区中央路 449　香村文化館 B1
☎ 053-219-4555（香村文化館）
営 9：00 ～ 19：00（11 ～ 3月は～ 18：00）
休 月曜
入館料 1,000W（共通）
1 号線中央路駅 4 番出口より 5 分　MAP ▶ p123 B-1

香村文化館・大邱文学館観覧の前後にぜひ

歴史ある建物をリモデリング
文化と芸術が集う空間

 近代建築としての価値があり、リモデルして新たな歴史を歩みはじめた建物。そこには人々が集い、文化が育まれています。

過去と未来が交差する空間
무영당 DEPARTMENT
ムヨンダン デパートメント

1930年代に大邱で初めて韓国人が建てたデパート、茂英堂（ムヨンダン）。その後、長い月日が流れて撤去の危機にさらされましたが、近代建築としての価値や歴史、文化の重要性から、市が買い入れてリモデルし、2020年、青年支援政策として複合文化空間をオープンしました。大邱地域の文化・芸術とローカルブランドにスポットライトをあて、1階にはラウンジ＆カフェ、2階には大邱で活動するローカルブランドのショップ、3階はイベントスペース、4階はルーフトップになっています。外観はもちろん、館内の階段や天井などにも、当時の面影が残っています。

2階ポップアップストア。北城路の独立書店 THE POLLACK（P.70）のショップも

街を一望できる4階ルーフトップ

1階ラウンジ＆カフェ

歴史を感じる階段の手すり

中区慶尚監営キル8（西城路1街58）
☎ なし
営 12:00～20:00
（曜日によって異なる。4階は17:00～）
休 月曜
1号線中央路駅4番出口より9分
@ mooyoungdang_department
MAP ▶ p122 B-3

路地の中の別世界
대화의장
テファエジャン

　1920年代に建てられたテファジャン旅館があった場所。昔の建物の歴史と価値を生かして、テファエジャン（対話の場所）という名の「対話」をコンセプトとした文化空間に生まれ変わりました。路地の奥に入っていくと、多様な空間があります。つきあたりの「対話ビラ」でオーダーしたメニューを好きな空間に持ち込んで楽しむことができます。

ここから奥へ

オーダーは「対話ビラ」で

北城路の細い路地に面した建物は、大きなテーブルと本棚のある「対話サロン」

中区北城路 104-15（香村洞 14-3）
☎ 053-291-2569　営 11：00～22：00　休 月曜
1 号線中央路駅 4 番出口より 3 分
@ daehwa.scene　MAP ▶ p123 B-1

社宅をリモデルしたスチャン青年マンション（内部工事中）

地域のアートを育む
대구예술발전소
テグィエスルパルジョンシ（大邱芸術発電所）

　1976年に増築された、大邱煙草製造所の別館倉庫だった建物。大掛かりなリモデル工事を経て、2013年に複合文化芸術空間として開館しました。1階から5階までのフロアには、展示室やホール、カフェなどを備え、アーティストへの創作支援活動を行っています。敷地内のスチャン青年マンションは、社宅だった建物で、こちらも歴史が感じられます。

各種芸術の発表の場として活用されている

2 階にある広々としたカフェ

中区達城路 22 キル 31-12（寿昌洞 58-2）
☎ 053-430-1289
営 10：00～18：00　休 月曜
3 号線達城公園駅 1 番出口より 3 分
@ artfactorydgxsuchang
MAP ▶ p122 A 3

49

大邱を代表する「大邱10味」押さえたい「3味」はこれ！

ほかでは味わえない大邱発祥の歴史あるオリジナル料理。「100年の店」に認定された老舗店で味わってみましょう。

さっぱり味でお酒も進む！
푸른회식당
プルンフェシクタン

1987年創業のムッチムフェ専門店。料理名にフェ（刺身）とあるため生ものを連想しますが、内陸の大邱で、刺身の代わりに茹でたイカやサザエなどと野菜を薬味で和えて作ったオリジナル料理です。茹でたイカの身とサザエ、タニシを、注文と同時にごま油と薬味で和える一番人気のイカのムッチムフェは、プリプリ食感のイカと、辛・酸・甘の三味が一つになった薬味とのバランスが絶妙。パリッと香ばしく焼いたオリジナルのナプチャクマンドゥ（ぺちゃんこ餃子）に巻いて食べるとさらにおいしく、2つの「大邱10味」を同時に味わうことができます。

납작만두 3,000W

ナプチャクマンドゥで巻いて、味と食感のバランスを味わってみて

오징어무침회（イカのムッチムフェ）中 18,000W

現在は14の専門店が並ぶ「パンコゲムッチムフェ通り」

西区達句伐大路375ギル14-1
（内唐洞884-11）
☎ 053-552-5040
営 11：00〜22：00（21：30LO）
休 月曜
2号線パンコゲ駅2番出口より6分
MAP ▶ p120

新鮮な牛の刺身を！
녹양구이 두산동점
ノギャンクイ トゥサンドンジョム

1973年創業のムンティギ（牛刺身）の元祖店。味付けをして食べるユッケとは違い、新鮮な韓牛をスライスして、肉本来の味を楽しむのが大邱から始まったムンティギです。お皿が見えないほどびっしりときれいに盛り付けられ、肉が新鮮であればあるほど粘り気があるため、お皿を下に向けても肉が落ちないのです。秘伝のタレで、新鮮な牛肉の濃厚な旨みを味わってみてください。

むっちりとして旨みたっぷり

寿城区ムハク路17キル21
(斗山洞174-2)
☎ 053-767-9922
営 12：00～24：00
休 なし
3号線寿城池駅1番出口より10分
MAP ▶ p124 B-3

レバーやセンマイをはじめ、バラエティ豊かなおかずが並ぶ

생고기（ムンティギ）中 50,000W
濃い目の色も新鮮な証

ピリ辛味で栄養満点！
경산식당
キョンサンシクタン

1968年創業のナマズメウンタン専門店。「大邱10味」のナマズメウンタンは、田んぼで養殖したナマズを辛いスープで煮た料理です。味の秘訣は、3～4年熟成させた自家製味噌。養殖場から週3回届くナマズを出汁を加えずに薬味だけで煮るという郷土料理の伝統的な料理法を守っています。臭みがなくあっさりとしていて、ピリ辛のスープが食欲をそそります。

메기매운탕（ナマズメウンタン）中 40,000W

達城郡カンジョンボンギル77
(多斯邑竹谷里765-2)
☎ 053-591-0068　営 10：00～22：00
休 なし
2号線テシル駅3番出口より車で約4分
@ gyeongsansigdang
MAP ▶ p120

1尾まるごと煮込んだナマズ

大邱を代表する「大邱 10 味」
名物料理でガッツリ朝・昼・夜！

「大邱 10 味」の中で、朝・昼・夜にぴったりの料理はこれ！
1日のスタートに、〆に、味わいたい料理を紹介します。

朝 はすっきり目覚める**タロクッパプ**！

スープとごはんが別々のタロクッパプ。牛骨のスープにネギ、ダイコン、桂皮、生姜などを入れて煮込んだスープに牛の血を固めた「ソンジ」が入っています。

교동따로식당
キョドンタロシクタン

따로국밥 9,000W
眠い朝もスッキリ目覚める
コクのあるスープ

中区慶尚監営 1 キル 11（布政洞 52-6）
☎ 053-254-8923
営 24 時間
休 なし
1 号線中央路駅 4 番出口よりすぐ
MAP ▶ p122 B-4

昼 は大邱式中華の**ヤキウドン**！

1970年代から食べられるようになった大邱のヤキウドンは、このお店が発祥。
海鮮と野菜がたっぷり入り、唐辛子やニンニクがベースの辛い味付けです。

中和飯店
チュンファパンジョム

中区中央大路 406-12（南一洞 92）
☎ 053-425-6839
営 11:30 ～ 21:00（ブレイクタイムあり）
休 月曜
1 号線中央路駅 2 番出口より 3 分
MAP ▶ p123 B-1

야끼우동（ヤキウドン）11,000W

はお酒が進む**チムカルビ＆マクチャン**！

벙글벙글 찜갈비
ポングルポングルチムカルビ

大邱発祥のチムカルビは、ニンニクと唐辛子たっぷりの薬味でカルビ肉をじっくり煮込む、辛さが決め手の料理です。〆の焼きめしまで、しっかり味わって！

辛さを和らげるおかずがいろいろ

東仁洞チムカルビ通り

찜갈비（チムカルビ）20,000W
韓牛は30,000W ※各1人分180g
辛さ控えめは「순한맛（スナンマッ）」と伝えて

中区東徳路36キル9-12（東仁洞1街322-2）
☎ 053-424-6881　営 9:00～22:00
休 なし
1号線七星市場駅3番出口より10分　MAP ▶ p123 B-3

アンジラン
コプチャン通り

돈박사 곱창막창
トンパクサ コプチャンマクチャン

豚のホルモンでは、マクチャンは直腸。キウイやパイナップルなどの果物に漬け込んで1日熟成させます。こんがり焼いて自家製味噌タレで食べるとエンドレス！

생막창（生マクチャン）
150g 10,000W、염통꼬치
（ハツ串）8本7,000W など

やわらかくて臭みのない生マクチャンが美味

南区大明路36キル79-1（大明洞874-2）
☎ 053-624-1855
営 15:00～翌1:00（土・日曜は12:00～）
休 第1・3日曜
1号線アンジラン駅2番出口より5分
MAP ▶ p125 A-2

海の幸、山の幸
大邱のおいしいごはん集合！

🍴 山菜や海産物など、自然の恵みをシンプルに味わいたい。
体にやさしい料理の数々で、パワーチャージしましょう！

体が喜ぶ健康ごはん
청아람
チョンアラム

いつも地元の人たちでにぎわう人気店。鬱陵島や黒山島原産のアワビやムール貝、ヒジキなどを使った自然食のお膳3種類がメインです。テーブルに並ぶのは、「特別な薬草や高い食材でなくても立派な薬膳になる」という考えで、自然の食材を天然調味料だけで味付けした健康的なおかずが10種類以上。代表のイ・ヒョンジョンさんが朝から厨房に立ち、心を込めて作ります。アワビやムール貝とヒジキを入れて炊き上げた、ふっくらとしたごはんや季節ごとに変わるナムルなど、すべてが素材を引き立てるやさしい味。旅の疲れを癒してくれる料理の数々に、大邱に行くたびに訪れたくなるお店です。

おかずはどれもやさしい味付け

香りのよいヒジキとアワビがたっぷり

食後に出される
紫芋茶は販売も

ヒジキアワビ栄養ごはん 18,000W　2名以上で注文可能

いくつかの部屋がある落ち着く店内

寿城区東大邱路 56 キル 21
(泛魚洞 377-34)
☎ 053-753-7264
営 11:30～16:00、17:00～22:00
休 日曜
2号線泛魚駅 8 番出口より 7 分
@ ihyeonjeong2494
MAP ▶ p124 B-1

ごはんのおいしさを実感！
서영홍합밥
ソヨンホンハッパプ

路地の中にあるムール貝ごはんの専門店。ふっくらと炊き上げたごはんの中に、ムール貝がたっぷりと入っています。薬味はゴマ入り醤油と刻んだ青唐辛子入りの2種類。さっくり混ぜ合わせて口に運ぶと、やっぱりごはんが一番！実感するおいしさです。テーブルに並ぶおかず一つひとつも、丁寧に作られていることが伝わります。

녹두전（緑豆チヂミ）10,000W

青唐辛子入りの薬味は
辛いので、量に気をつけて

中区薬令キル 33-8（桂山洞 2 街 31-2）
☎ 053-253-1199
営 11：00 ～ 15：00、17：00 ～ 20：30
休 日曜
1・2号線半月堂駅 18 番出口より 8 分
MAP ▶ p122 C-4

홍합밥（ムール貝ごはん）10,000W
2 名以上で注文可能

おかずの数々に圧巻！
온돌방
オンドルパン

オープンして30年以上の韓定食専門店。注文を済ませると、次々とおかずが運ばれてきて、その数なんと20種類以上。テーブルいっぱいに並ぶおかずは、海の幸、山の幸取り混ぜて、バラエティ豊かな内容です。メインのプルコギは、やわらかくて甘めの味付け。あっさりしたおかずが味を引き立て、ごはんが進みます。

オンドルプルコギ ヨルムパプ韓定食 18,000W
2 名以上で注文可能

チゲもおいしい

プルコギは野菜で
巻いて食べても

中区東徳路 12 キル 72-9（公平洞 94-5）
☎ 053-423-7222
営 11：30 ～ 15：00、17：00 ～ 21：30
休 なし
1 号線中央路駅 3 番出口より 11 分
MAP ▶ p123 B-2

韓方の街、大邱ならでは！
韓方が香る体にやさしい料理

料理にも韓方を取り入れて、体の中から元気になれるのも韓方の街・大邱ならでは。おいしく食べてパワーチャージ！

オリジナルの韓方豚足
대우족발
テウチョッパル

ピリ辛味がおいしい味豚足。単品は中 24,000W〜

1985年から続く豚足専門店。初代がレシピを開発した代表メニューの韓方豚足は、醤油やカラメルを使わず、12種類の韓方薬材だけで、食欲をそそる深い味わいと艶やかな色に仕上げています。自家製の味醤油とニンニクで和えたピリ辛味の豚足は、2代目が考案したお酒が進む人気メニュー。そのほか、辛い味付けの豚足や冷製豚足など、すべてオリジナルレシピの自家製ソースで作っています。朝早くから働き、お客さんにも家族のように接していた初代である母親の志を受け継いで営むお店には、20年以上の常連客がたくさんいます。

ジューシーな韓方豚足。単品は小 29,000W〜

二つの味が楽しめる반반족발 42,000W
한방족발（韓方豚足）＋ 맛족발（味豚足）

甘酸っぱいソースの
쟁반국수（和え麺）
10,000W（小）

2代目代表の
キム・ジョントクさん

北区中央大路 509-1
（七星洞2街 297-14）
☎ 053-354-1637
営 12：00〜23：00
休 日曜
1号線大邱駅1番出口より7分
MAP ▶ p123 A-1

56

体がポカポカ温まる！
가창 큰나무집 약령시점
カチャン クンナムチプ ヤンニョンシジョム（薬令市店）

中心メニューは3種類で、サムゲタンはもちろん、ペクスク（若鶏の水炊き）も1人分から注文できます。体によい16種類の雑穀と24種類の韓方薬材で炊き上げ、体の隅々まで染みわたる滋味深い味。ごはんが別に添えられるサムゲタンは、淡白で透明感のあるスープ。2人ならペクスクとサムゲタンを両方味わってみて。

한방삼계탕
（韓方サムゲタン）
17,000W

영계 약백숙（若鶏ペクスク）17,000W
別添えのおかゆも美味

薬令市を見下ろす広々とした店内

中区南城路25 トクシンビル2階
（南城路51-6）
☎ 053-256-0709
営 11：00〜21：00（19：50LO）
休 なし
1・2号線半月堂駅18番出口より4分
MAP ▶ p122 C-4

味わい深い韓方カルビ
김태근 한방요리본점
キム・テグン ハンバンヨリポンジョム（韓方料理本店）

大病をきっかけに、料理に韓方薬を使うようになったというオーナーのキム・テグンさん。すべてのメニューに韓方を取り入れ、牛カルビには十全大補湯、豚カルビには双和湯を使っています。やわらかくてジューシーな味付け牛カルビのほか、肉の旨みがダイレクトに味わえる牛カルビ肉もおすすめです。

人気の味付け牛カルビ1人分（200g）15,000W
48時間漬け込んで熟成

達西区クンジャン路9（頭流洞1192-15）
☎ 053-653-5044
営 10：00〜23：00（22：00LO）
休 なし
1号線パンコゲ駅2・3番出口より3分
MAP ▶ p122 D-1

牛カルビ肉1人分（120g）18,000W
※肉の注文は3人分から

広々とした店内のあちこちに
韓方の瓶が並ぶ

韓国料理の決め手はスープ！
滋味深い味に癒されます

韓国料理で重要な役割を担っているのがスープ。手間暇かけて作ったスープの深い味が、体の中に広がっていきます。

体の隅々まで染み渡る味
상주식당　尚州食堂
サンジュシクタン

いつも大勢の人でにぎわう東城路の路地の中にあるチュオタン（ドジョウ汁）の専門店。築70年を超える韓屋に足を踏み入れると、両側の棚に白菜がぎっしりと積み上げられています。土間の厨房にはチュオタンを煮込む釜が並び、年季の入った器が次々と運ばれていきます。チュオタンはいくつか有名な地域がありますが、慶尚道式はすりつぶしたドジョウと白菜を煮込み、さらっとしてやや透明感のあるスープが特徴。最初のひと口から体にやさしく染みわたり、何とも言えない深みのある味が感じられます。たくさん使う白菜が雪に埋もれ、ドジョウが土深く潜る冬季は休業。4月から11月まで営業しています。

厨房を切り盛りする代表のチャ・サンナムさん

店に入ると最初に目に入るのが白菜

釜の中でぐつぐつと煮込むチュオタン

추어탕（ドジョウ汁）11,000W ＋밥（ごはん）1,000W

中区国債報償路 598-1
(東城路 2 街 54-1)
☎ 053-425-5924
営 10：00〜19：00
休 12/1〜3/31
1 号線中央路駅 2 番出口より 5 分
MAP ▶ p123 B-1

歴史が伝わる深い味
옛집식당
イェッチプシクタン

1948年創業の大邱式ユッケジャン専門店。初代のおばあさんが現在地でお店を始め、今もそのままの佇まいで3代目になりました。見た目から想像する味とは違い、大根と長ネギ、牛肉を煮込んだスープはさっぱりしていて、ほのかな甘みが感じられる深い味。昔ながらの螺鈿の家具が置かれた部屋で、長い歴史が醸し出すやさしいスープを堪能できます。

おばあちゃんの家のような店内

歴史を感じる厨房

육개장（ユッケジャン）
10,000W

中区達城公園路6キル48-5
（市場北路120-2）
☎ 053-554-4498
営 11：00～18：00
休 日曜
3号線西門市場駅2番出口より6分
MAP ▶ p122 B-2

やわらかい牛肉と甘みのあるネギがたっぷり！

飲んだ翌日もスッキリ
대덕식당
テドクシクタン

アプ山にある1979年オープンのソンジクッパプ専門店。ソンジは牛の血を固めたもので、臭みはなくシャキシャキとした食感です。牛骨を長時間煮込んだスープに新鮮なソンジと大根の葉を干したシレギがたっぷり。登山帰りのお客さんやテイクアウトする地元の人たちでにぎわう人気店です。

선지국밥（ソンジクッパプ）9,000W

南区アプサン循環路443（大明洞）
☎ 053-656-8111
営 8：00～21：00（土・日曜は7：00～）
休 なし
1号線アンジラン駅2番出口より20分
MAP ▶ p125 A-2

ソンジは見た目よりあっさり。スプーンで細かく切って、ごはんに混ぜながら食べるとおいしい

市場で楽しむ名物料理！
平和市場 & 七星市場

DAEGU 28

市場には、それぞれ有名な食べ物が。市場より有名になったタクトンチプや、巨大な市場の老舗食堂など。ぜひ食べ歩きを！

평화시장 닭똥집골목
(平和市場 鶏砂肝通り)

ピョンファシジャンタクトンチプコルモク

市場自体は小規模ですが、タクトンチプ（鶏砂肝）のお店が集まっていることで有名な平和市場。1970年代、捨てるにはもったいないと砂肝を素揚げしてサービスで出したことが始まりです。その後人気が出て味に工夫を加え、専門店がたくさんできました。現在は20店舗ほどが軒を連ねています。タクトンチプ以外にも、フライドチキンやチムタクなど、鶏メニューが楽しめます。　MAP▶p124 C-1

正面に写っているお店が1972年にオープンした元祖店

タクトンチプ。フライドのほか、薬味やニンニク醤油に漬け込んだものなども

昔はたくさんのお店でにぎわっていたが、現在は地元のローカル市場の雰囲気

칠성시장 (七星市場)

チルソンシジャン

1964年に開かれた七星市場は、大規模な総合市場。家具や電気製品まで何でもある、大邱最大級の市場です。伝統的な市場の姿が見られる市民の台所でもあり、野菜や海産物など、新鮮な食料品が盛りだくさんに揃います。人気グルメは、豚プルコギや牛コムタン。昔ながらの市場の中に長い歴史のお店が並び、早朝から開いているので、朝ごはんにもおすすめです。夜は道路沿いにウナギなどの屋台が出ます。

MAP ▶ p123 A-3

단골식당
タンゴルシクタン

豚プルコギの専門店。炭火で焼いた香ばしい豚プルコギは、ごはんにもお酒にも相性抜群。朝からがっつり食べたいときにおすすめです。

店頭で焼き上がる豚プルコギ。肉を網で挟んで炭火で焼く

ごはんが進む！ボリュームたっぷりの豚プルコギ（醤油味）7,000W、ごはん 1,000 W

営 9：00～20：30
休 水曜

원조칠성소곰탕
ウォンジョチルソンソコムタン

ぐつぐつと豪快に煮える鍋から湯気が上がっているのは、10時間以上煮込んだコムタン。体に染みわたる深みのある味です。

営 6：00～20：00
休 第2・4・5日曜

店頭の大きな鍋で煮込む

やわらかい牛肉がたっぷり

韓国に来たらマスト！
マッコリ飲まなきゃ始まらない

日本でもポピュラーになったマッコリ。地元のものはもちろん、韓国各地の有名マッコリが大邱で飲めるのです！

各地のマッコリを大邱で飲める
왕탁 본점
ワンタクポンジョム（本店）

オーナーイチオシのマッコリがずらり

韓国各地からセレクトした多種多様なマッコリが飲めるお店。流通システムにとらわれず、自分の好きなマッコリだけを置いているというオーナーのワン・ジョンウンさんが、醸造場を訪ね歩いて直接味を確かめ、自信をもって選んだものばかりです。また、一度お店に置いたものでも、味が変わった場合は外すなど、チェックも欠かしません。マッコリのメニュー表には、ドライ・炭酸・甘めなど、味わい別にまとめてあり、飲んでみたい味や好みを伝えれば選んでもらえます。マッコリとともに楽しみたい、季節の料理も揃っています。

冬の人気メニュー과메기（クァメギ）
サンマを半生に干した浦項名産。35,000W

看板メニューの육남무（ユンナンム）23,000W
肉のジョン＋ナプチャクマンドゥ＋ムッチムフェで大邱の味を堪能

マッコリへの
熱い思いがあふれる
ワン・ジョンウンさん

南区中央大路22 キル 78-1（鳳徳洞 712-5）
☎ 010-8290-2133
営 12：00 〜 24：00　休 日曜
1号線嶺大病院駅 2番出口より10分
＠ wangtaks　　MAP ▶ p124 C-4

歴史あるマッコリに酔いしれる
동곡막걸리
トンゴクマッコリ

1929年創業の
トンゴク醸造のマッコリ
1本 3,300W

パンチョン市場のゲート近くにあるお店。マッコリは1種類だけで、大邱の南に位置する清道郡の醸造場で造られたトンゴクマッコリです。ドラム缶のテーブルが並ぶ店内は壁や天井まで落書きだらけで、まさに昔ながらのマッコリ酒場の雰囲気。それもそのはず、30年近くもの間、ほとんど休まずにお客さんを迎えた長い歴史があるのです。週末にはライブもあり、おいしいマッコリに酔いしれる夜が過ごせます。

昔ながらの雰囲気

店主の
キム・ヘチュンさん

中区達句伐大路2222-1（大鳳洞12-1）
☎ 053-422-5813
営 15：00〜翌2：00
休 火曜
2号線慶大病院駅3番出口より5分
MAP ▶ p123 D-3

모듬전（ジョンの盛り合わせ）20,000W

ポンハマッコリ
1本 5,500W

特別なマッコリを味わうひととき
바보주막
パボチュマク

慶尚南道金海市ポンハ村で造られるポンハマッコリ。ここが故郷のノ・ムヒョン元大統領が、退任後農作業に従事して有機米を作っていたことから、のちにポンハマッコリを製造することになりました。ここはポンハマッコリが飲めるお店として、協同組合で運営しています。古い韓屋の建物は、独立運動家イ・サンジョン将軍の古宅。それらの歴史とともに味わう特別なマッコリは、ひと際おいしく感じられます。

바보전（ジョンの盛り合わせ）33,000W

雰囲気のある店内

中区薬令キル25-1（桂山洞2街90）
☎ 053-422-0901
営 17：00〜23：30
休 日曜
1・2号線半月堂駅10番出口より5分
MAP ▶ p122 C-4

旅先で静かな夜を…
とっておきのお店はここ！

お酒を飲むシーンはいろいろ。大勢でわいわいも楽しいけれど、旅先でも静かに、二人や一人で飲みたいときに。

旅先でお酒とともに
노르웨이의 숲
ノルウェイエスプ

東城路の路地の中、階段を上がってドアを開けると、別世界のようなバー空間。「文学と文学らしいカクテル専門店」のコンセプト通り、多様なカクテルは、店名を冠した「ノルウェイの森」をはじめ、「老人と海」や「人間失格」など、心惹かれるネーミングです。店内のいくつかの部屋にはオーナー・チョン・ウテさんのコレクションがぎっしりと並び、韓国のレトロ文化が楽しめます。最近は『スラムダンク』のコレクションが有名になり、国内や海外から多くの人が訪れて、聖地と呼ばれるほど。登場人物の名前をつけたカラフルなカクテルも人気です。

SENDO AKIRA 18,000W
『スラムダンク』メンバーの人気カクテル

慶州にレトロミュージアムをオープン予定

カウンターでゆっくりグラスを傾けたい

빨간머리앤
(赤毛のアン)
10,000W
パッションフルーツの甘いカクテル

中区東城路2キル30-5
(三徳洞1街 17-13)
☎ 053-252-1116
営 18:00〜24:00（日曜は〜23:00）
休 なし
1・2号線半月堂駅10番出口より5分
@ cafenorwegianwood_
MAP ▶ p123 C-1

隠れ家のような安心感
사람들은 즐겁다
サラムドゥルゥンチュルゴプタ

　看板もなく、気付かずに通り過ぎてしまいそうな古いビルの1階。照明を落とし、心地よい音楽が流れる店内では、友人同士の語らいや一人でお酒を楽しむ姿が見られ、訪れる人たちがリラックスできるための心配りが感じられます。メニューの一番人気はフライドチキンとポテト、トーストのセットで、それぞれ単品もあり、ビールにもぴったり。この空気感を好んで幅広い年齢層のお客さんが訪れ、旅先で常連になりたいお店です。東城路の1号店も、繁華街の喧騒を離れた路地の中にあります。

トマトサルサとトルティーヤ 15,000W
さっぱりとしたサワークリームが美味

ビール 4,000W～

古いビルの造りを生かした店内

東城路にある1号店も繁華街とは思えない雰囲気

中区国債報償路150キル78
（三徳洞3街186-2）
☎ なし
営 18：00～翌3：00
休 なし
2号線慶大病院駅4番出口より12分
MAP ▶ p123 C-4

フライドチキンとポテト、キャラメリゼしたトーストのセット 19,000W

旅の夜の思い出に
音楽とお酒を楽しむ空間

せっかくの旅のひととき、食事を済ませたあとの長い夜には、おいしいお酒と音楽と。思い出に残る時間を過ごしましょう。

旅の夜を音楽とともに
대호싸롱
テホサロン

ハイボールはトレードマークの大きな虎の器で。15,000W

　1966年にテホナイトクラブという名の店があった場所に、北城路でコッチャリタバンを運営していたオーナーのソ・ミンシクさんが、3年の月日と情熱をかけて作り上げました。その頃のナイトクラブはお酒を楽しみながら専属楽団の音楽を鑑賞する場。その文化を引き継ぎ、音楽とともに楽しむ場所を目指して、2023年12月にオープンしました。1966年当時のスピーカーから流れる音楽はその時代を彷彿とさせ、毎週末にはライブを開催。旅の最後の夜を過ごしたい、ロマンあふれる空間です。

一人ならカウンター席もおすすめ

料理も本格的
マッシュルームパスタ
23,000W

上階に燻製室を備え、自家製のハムなども作る。シャルキュトリープレート 55,000W

広い空間で、おいしいお酒と音楽に酔いしれる

中区中央大路442-17　2階
(東城路1街31-2)
☎ 053-421-0112
営 18:00〜翌1:00(24:00LO)
日曜は〜22:00(21:00LO)
休 月・火・水曜
1号線中央路駅3番出口より3分
@ daeho_salon
MAP ▶ p123 B-1

文化空間で多くの出会いを
MONSTERS CRAFT BEER
몬스터즈크래프트비어 / モンストズクレプトビオ

地域で活動するミュージシャンのライブや演劇をはじめ、ブックトークや展示などを開催。文化空間として多くの人たちが集い、交流の場になっています。また、70年前の創立の地がこの場所だった出版社との縁から、本を紹介し、利益を子どもセンターに寄付する活動も。店内では、韓国内のクラフトビールをはじめとするお酒と、多様な料理が楽しめます。

クラフトビールが6種類。
サーバーから直接注ぐ

フライドチキン 16,900W、
クラフトビール 5,400W〜

中区鍾路 45-4　2階
（鍾路1街 71-1）
☎ 0507-1340-0259
営 17：00〜翌1：00
休 日曜（展示期間中は開店）
1号線中央路駅1番出口より4分
@ monsterscraftbeer
MAP ▶ p122 B-4

人気のフィッシュ＆
チップス 19,000W

パーティーなども行われる広い空間

週末にはライブも開催
JAMESRECORD
제임스레코드 / ジェイムスレコドゥ

棚には数えきれないほどのレコードが並び、店内で流される音楽もほとんどがレコードです。韓国のインディーロックが中心で、レーベル作りのためのプロデュース活動も行っています。若い雰囲気のお店ですが、客層は20代から50代と幅広く、韓国の音楽シーンに触れる楽しい夜が過ごせます。

カジュアルな雰囲気の店内

中区東城路3キル 104-8（公平洞 14-1）
☎ 070-7675-1979
営 18：00〜翌2：00
休 なし
1号線中央路駅2番出口より9分
@ jamesrecord
MAP ▶ p123 B-2

人気のトッポッキ 10,000W
カクテル 8,000W〜

レコードのコレクションは小学生の頃からというオーナー

本＋αのカフェ空間
個性的な**ブックカフェ**

本に囲まれた空間は、なぜか落ち着きます。そこにコーヒーがあって、ネコがいたり。本＋αのおすすめ店をご紹介！

ネコに癒されるレトロ空間
심플책방
シンプルチェッパン

　細い階段を下りてドアを開けると、本に囲まれた広い空間が現れます。2020年にオープンしたブックカフェで、店名が意味するのは「心が届く場所」。店内に並ぶ本は、エッセイを中心に小説を少しとサブカルチャーなどで、大邱を拠点に活動するタバコブックスのポスターも揃っています。店内に響く80年代の日本のシティポップと、レトロなビジュアルのドリンクから、懐かしさが感じられる空間です。テーブルの間を歩きまわる2匹のネコは、仲良し兄弟レモンとライム。人懐っこくお客さんに近づいてきたり、カウンターのカゴの中で丸くなって寝ていたりと、そのマイペースぶりに癒されます。

コーヒーもレトロなカップで

店内の本は、購入後に座席へ。レモンの木の下に、自由に読める本も少し

昭和の雰囲気
メロンソーダ 6,000W

爆睡中のレモン＆ライム

ゆったり広い店内にテーブルが点在

東区トンブ路 34 キル 4（新川洞 388-5）
☎ 0507-1334-9513
営 12：00 ～ 21：00
休 月曜、最終火曜
1 号線東大邱駅 2 番出口より 7 分
@ sim_place
MAP ▶ p124 D-2

本とお茶を味わう
차방책방
チャバンチェッパン

二人の姉妹が営む本屋＆カフェ。本棚には、韓国現代文学と独立出版物などが並んでいます。店内では、コーヒーはもちろん、季節の果物を漬け込んだ自家製シロップがベースのお茶、焼菓子などが味わえます。セレクトした本とお茶を味わう時間、それらを通して人と人がつながり、続いていく空間になることを願っています。

手作り果物シロップのお茶。各 5,000W

お目当てのお客さんも多い「本屋さんのネコ」

アメリカーノ 4,000W

中区慶尚監営キル 60（鍾路 1 街 24-1）
☎ 053-353-4878
営 11：00～19：00（夏期は～20：00）
休 日曜
1 号線中央路駅 4 番出口より 7 分
@ coffeexchaeg　MAP ▶ p122 B-4

本はすべて販売。購入後にカフェの席へ

中庭から見た店内。昔の家の造りそのまま

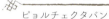
中庭を眺めながらゆっくり
별책다방
ピョルチェクタバン

かつては骨とう品や陶器の店が集まる古美術通りだった町に、2019年にオープンしたギャラリー＆ブックカフェ。本棚の横から入るカフェ空間は、築50年を超える古い建物で、大邱・慶北圏のフォトグラファーの作品を展示しています。カフェ空間から見えるのは、昔の造りそのままの中庭。本とコーヒー、そして不思議なタイムトリップが楽しめます。

コーヒーを飲みながら、本について語り合う空間

南区鳳徳 9 キル 89-36（鳳徳洞 508-4）
☎ 010-8227-1023
営 12：00～21：00
※ 2024 年 4 月から 8：00～20：00
休 日曜
1 号線教大駅 3 番出口より 11 分
@ hanspun2　MAP ▶ p124 D-3

ギャラリーの壁の奥に古い屋根が見える

ハンドドリップコーヒー 4,000W

DAEGU 33

地元のステキな本屋さん
旅の記念に本もいいかも

個性的な小規模書店が増え続けている韓国。大邱にもステキなお店がたくさんあります。旅の記念に本を1冊！

魅力的な独立書店
THE POLLACK
더폴락 / ドポラッ

2012年、北城路の工具通りに大邱初の独立書店としてオープン。その後、すぐ近くの路地の中に移転しました。店内に並ぶ本は、リトルプレスなどの独立出版物が70％、一般図書で、好きなもの、紹介したいものが30％ぐらいの割合。内容やデザインはもちろん、形や紙質までさまざまな本は、読めなくても手にとってみたくなるものばかりです。年に2冊ほど、企画から印刷まで手掛け、10周年記念にLPも制作しました。移転後はカフェメニューも加わり、本に囲まれた空間でコーヒーを飲むこともできます。お店のある路地には古い建物が残っているので、ぜひ散策も楽しんでみてください。

オリジナルキーホルダー 8,000W

アメリカーノ 4,000W。オリジナルコーヒーカップも販売。席で本を読む場合は購入後に

10周年記念のLP『小さな本屋のための歌』大邱のミュージシャンのアルバムも紹介

イラストや写真が中心のリトルプレスは、ハングルが読めなくても楽しめる

THE POLLACK 制作本『喫茶店のソファに寄りかかって』と『今大邱で生きていく私たち』

中区慶尚監営1キル 62-5（香村洞 26-1）
☎ 010-2977-6533
営 12：30～20：00
休 月曜
1号線中央路駅4番出口より6分
@ thepollack5
MAP ▶ p123 B-1

デザイン本＆グッズが充実
Ghost Books
고스트북스 / ゴストゥブクス

小規模出版社兼セレクト書店。店内に並ぶ本は、国内外の芸術図書が中心で、美しいデザインの表紙が目を引きます。運営者のキム・インチョルさんとリュ・ウンジさんが制作した本をはじめ、新たに立ち上げたブランド「little room」のポスターやポストカード、雑貨もラインナップ。海外のアートフェアなどにも積極的に出展しています。

目を楽しませてくれる本がたくさん

淡い色合いのイラストがかわいい
little room のポスター
各 10,000W

カードも種類豊富

中区慶尚監営キル 212　3 階（東門洞 14-1）
☎ 053-256-2123
営 13：00〜20：00
休 火曜
1 号線中央路駅 3 番出口より 9 分
@ ghost__books　MAP ▶ p123 B-2

小さなビルの 3 階にあるので、看板を見逃さないで

大邱のステキな古本屋さん
BOOKSELLER
북셀러 / ブックセロ

金光石通りの近くにある2022年オープンの古本屋さん。新刊より古い本に魅力を感じるという店主のホジェさんが、好きな文学を中心にセレクトしています。あちこち探して気に入ったこの建物は、救心薬局という名の元薬屋さん。心を救うという意味が本屋にも通じるのではないかと、長い間眠っていた本を探し出して、その魅力を伝えています。

長い年月を経た貴重な本がたくさん

レトロな雰囲気の店内

中区達句伐大路 446 キル 8-3（大鳳洞 14-5）
☎ 010-9877-2003
営 13：00〜19：00
休 月・火・水曜
2 号線慶大病院駅 3 番出口より 5 分
@ bookseller__hojae　MAP ▶ p123 D-3

キーホルダー 3,800W
裏に太宰治の名言が記されている

DAEGU
34

おみやげもおまかせ！
大邱のステキなあれもこれも…

大邱のデザイングッズ店や大邱発祥の人気店、バラエティ豊富に取り揃えたお店など、おみやげ探しを楽しんで！

プレゼントもおまかせ！
NICE Kitchen
나이스키친 / ナイスキッチン

キュートな食器もいろいろ

繁華街の東城路に位置する大邱最大規模のグローサリーストア。食料品、キッチン雑貨など、ライフスタイル全般にわたるさまざまな製品を扱っています。特に、ワイン、ビール、マッコリ、焼酎などの酒類は、韓国全土をはじめ、世界のお酒が揃い、観光客や地元在住外国人のほか、韓国各地からもお客さんが訪れます。おすすめは、かわいらしいパッケージの韓国食材。もちろんお酒も外せません。専門店並みの品揃えで、いろいろ吟味しながら選べるのもうれしいところ。オリジナルのリビング用品など、ステキなおみやげもみつかります。

充実のラインナップ

干し明太スープ 8,000W　　わかめスープ 8,000W

かわいらしいラベルの焼酎とビール
各 7,000W

世界の食品から雑貨まで盛りだくさん！

中区東城路5キル41（三徳洞1街18-11）
☎ なし
営 11：00～22：00
休 なし
1・2号線半月堂駅12番出口より6分
または1号線中央路駅2番出口より7分
@ nice__kitchen_
MAP ▶ p123 C-1

72

大邱の思い出をひとまとめに
DAEGU GOODS
대구굿즈 / テググッズ

「大邱を記憶する感性デザイン」をコンセプトに、2018年末にオープン。大邱の風景やキャラクターをモチーフにしたグッズが揃います。古くから続く手製靴や工具の店が多い北城路に位置することから、観光地だけではないローカルイメージも大切にしています。マスキングテープやマグネットなど、気になるものがたくさん。桂山聖堂近くにも店舗があります。

大邱の名所、大邱12景などのマグカップ 13,000W

工具や靴など、北城路を描いたマスキングテープ 4,000W

小さなマグネット 3,500W

大邱の風景をまとめて持って帰りたい

中区西城路14キル69（大安洞82-1）
☎ 010-6785-5585
営 9：00〜17：00（週末は11：00〜、Instagram確認）
休 なし
1号線中央路駅4番出口より5分
@daegu_goods　MAP ▶ p122 B-4

超人気のキャラクター
mo.nam.hee
모남희 / モナミ

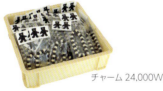
チャーム 24,000W

スタートは人気カレー店。次に始めたグロッサリーセレクトショップでオリジナルハンドメイド商品が話題になり、現在では人気ブランドや芸能人などとのコラボも多数。クマのようなキャラクターのストラップやキーホルダーなど、入手困難な大人気商品になりました。店内にはワインやリビング雑貨をはじめ、おみやげにしたいオリジナルグッズが並んでいます。

プルペンイ（黒）、ブレッド（茶）、クリーミー（白）のストラップ、各 32,000W。発売日はSNSで告知

かわいいものがたくさん！

中区東徳路84-6（大鳳洞22-27）
☎ なし　営 12：00〜17：00
休 日・月・火・水曜
※ 2024年春頃までリニューアル中のためSNSで要確認
2号線慶大病院駅3番出口より4分
@ mo.nam.hee　MAP ▶ p123 D-3

雑貨屋さんめぐり
ヴィンテージ＆セレクトショップ

DAEGU 35

個性的な店主のカラーが際立つセレクトショップ。世界にひとつだけのものに旅先で出会うわくわく気分をぜひ！

かわいいヴィンテージ空間
Jenny's Botari
제니스보타리 / ジェニスボタリ

ディスプレイもステキ

ペパーミントグリーンの外観がかわいらしい、小さな韓屋の店内には、日本やヨーロッパ、アメリカなど、海外のヴィンテージやセレクト商品が並んでいます。店主ジェニーさんが選んだ商品は、ほとんどが一点もの。特に、日本でも希少なヴィンテージの食器やポット、お鍋などのキッチン用品は、昭和レトロの懐かしいものがたくさん。韓国の作家さんの個性的でステキな作品も目を引きます。日本に留学経験のあるジェニーさんは日本語も堪能。情報通で会話も楽しく、ぜひ訪ねてみてほしいお店です。

キュートなジェニーさん

カップ＆ソーサーは
日本のヴィンテージ

カップ＆ソーサーも
人気

スタイリッシュな
花器も

かわいいものがぎっしりと詰まった空間

中区国債報償路 150 キル 86-22
(三徳洞 3 街 197-2)
☎ 010-2222-9187 （日本語可）
営 15：00 〜 19：00（予約制）
休 日・月曜
2 号線慶大病院駅 4 番出口より 12 分
@ botari81
MAP ▶ p123 C-4

センスが光るセレクトショップ
SECOND PROJECT
세컨드프로젝트 / セコンドゥプロジェクトゥ

大邱で唯一、スイスのメッセンジャーバッグブランド「FREITAG」がメインのセレクトショップ。ほかにも、多彩なブランドの商品を扱っています。なかでも目を引くのが、韓国・利川に工房を構え、夫婦で作陶活動をする作家さんの作品。シンプルながらスタイリッシュで、独特な色と風合い。おみやげに、自分へのプレゼントに、ステキな一品がみつかります。

カップ 58,000W

日本のフレグランスブランド「APFR」も

デザインもステキ
70,000W

中区東徳路 14 キル 33
（大鳳洞 7-47）
☎ 070-7867-7470
営 12：00 〜 20：00
休 月・火曜（週末は予約制）
2 号線慶大病院駅 3 番出口より 8 分
@ secondproject__paper　MAP ▶ p123 D-3

「FREITAG」のバッグやポーチ、小物がずらり

ヴィンテージファッションに注目！
shop ee.bb
이비비 / イビビ

さりげなく置かれた家具もヴィンテージ

　USAヴィンテージを中心に扱うショップ。中学生の頃からヴィンテージに関心をもち、日本の80年代を風靡したDCブランド、ヨージヤマトやコムデギャルソンが好きだという85年生まれの店主。「目で見て感覚で探したものを誰かが気に入ってくれたら幸せ」と話します。店内には希少なヴィンテージアイテムが並んでいます。

自分だけのファッションを楽しみたい人に

中区達句伐大路 440 キル 9-18（大鳳洞 19-14）
☎ なし
営 13：00 〜 20：00
休 日曜
2 号線慶大病院駅 3 番出口より 5 分
@ hello.ee.bb　MAP ▶ p123 D-3

以前はヴィンテージ空間のカフェを運営していたそう

文具、アクセサリーetc…
ここだけのステキなものを探して

ステーショナリーや雑貨、アクセサリーが店内にぎっしり。あれこれ手にとってみて悩むのも楽しい時間です。

紙好きにおすすめ！
paperboy studio
페이퍼보이스튜디오 / ペイポボイストゥディオ

2018年、ステーショナリーショップとしてオープン。現在は日本の文具ブランド、デルフォニックスやミドリをはじめ、日本とデンマークのブランドを中心に取り扱っています。ノートや手帳、マスキングテープなど、店名の通り「紙」に特化した品揃え。他店でも目にするような商品は置かず、代表のペ・ヒョンジェさんが自身で使ってみて、よかったもの、すすめたいものだけをセレクトしています。また、韓国内に3カ所、大邱では唯一のトラベラーズノートのパートナーショップでもあり、各地からトラベラーズノートの愛好会たちがたくさん訪れています。

自由に押せるトラベラーズノートのスタンプ。大邱とお店のオリジナルも

大邱の暑い夏と寒い冬がモチーフのユニークなポストカード 1,500 W

ノートや手帳の色展開も充実

文具好きにはたまらない空間

デンマークのブランドHAYも人気

中区鳳山文化2キル42-13
（鳳山洞 136-26）
☎ 010-2176-4638
営 13：00〜20：00
休 月・火曜
1・2号線半月堂駅9番出口より3分
@ paperboy_studio
MAP ▶ p123 C-2

かわいいものがぎっしり！
object
오브젝트 / オブジェクトゥ

文具や雑貨などのセレクトショップで、全国に7店舗を展開。人気のワッペンは、かわいらしいモチーフやハングル、数字などが揃っています。店内にアイロンがあるので、選んだワッペンをその場で付けることができ、自分だけのグッズが完成。旅の記念におすすめです。ほかにも、おみやげにしたいグッズがいろいろあります。

オリジナルボールペンのデザインもステキ（全て黒インク）
3,500W

大人気のワッペン。大阪・名古屋にも店舗あり

目移り必須の品揃え。
1枚 1,800W～

中区達句伐大路 447 キル 62-3
（三徳洞 3 街 200-1）
☎ 070-5124-7778
営 12:00～20:00　休 月曜
2号線慶大病院駅 4番出口より 13分　@ insideobject
MAP ▶ p123 D-4

かわいらしいアイテムがたくさん！

豊富なアイテム！
NAGEUNOL STREET
나그놀 스트릿 / ナグノルストゥリッ

かわいくてリーズナブル！

1階のアクセサリーをはじめ、地下から2階まで、かわいいもの、ステキなものがたくさん。地下には男性向けの個性的なアイテムも並んでいます。店内の工房では、キーホルダーなどへのネーム入れや、アクセサリーのサイズ直しなどもOK。店内入口横にはパウダールームも完備し、買ってすぐにおしゃれが楽しめます。

ステキなアクセサリーがたくさん！

2階は文具コーナー。オリジナル商品も各種

入口横のポスターショップも要チェック！

中区東城路 2 キル 50-14（三徳洞 1 街 18-2）
☎ なし
営 11:00～22:00
休 なし
1号線中央路駅 2番出口より 7分
@ nageunol_official　MAP ▶ p123 C-2

DAEGU 37

まだまだあるよ！
大邱だけの個性あふれるお店

旅の記念のカタチはいろいろ。大邱で出会ったステキなお店で、思い出に残るあれこれを探してみてください。

旅の記念にポラロイド写真
석주사진관
ソクジュサジングァン

味わい深い白黒写真

大邱で唯一、フィルム撮影を専門とする写真館。デジタル文化に変わる時代にフィルムを勉強したという写真家のイ・ソクジュさんが、こんな写真があったことを知らせたいという思いでオープンしました。知っている人たちには懐かしく、若い世代は新しさを感じて訪れています。撮ってすぐに見ることができないフィルム写真は、ドキドキしながら待つ楽しみもあり、データとの一番大きな違いは、触って感じることができる質感です。時間が許せば、撮影してそのワクワクを味わいたいところですが、旅の途中のおすすめは、すぐに仕上がるレトロな色味のポラロイド写真。大邱のステキな思い出にぜひ。

ポラロイド写真を撮影中
予約は InstagramDM で

ポラロイド写真 10,000W
在庫があればフィルムケースに入れてもらえる

印画紙袋をリサイクルしたバッグやフィルムのキーホルダーも販売

鳳山文化通りにあるステキな写真館

中区鳳山文化キル 17（鳳山洞 217-18）
☎ 010-8560-6121
営 10：00〜19：00
休 不定休
1・2号線半月堂駅 9番出口より 8分
@ seokjustudio
MAP ▶ p123 D-2

母娘で作る温かみのある陶器
Saie Pottery
사이에 포터리 / サイエポトリ

店内に並ぶのは、ろくろや手びねりなど、さまざまな作陶スタイルで作るオリジナルの陶器やインテリア小物。母と娘、二人で工房とショップ、教室を運営しています。白や淡い色合いの多様な作品は、仲のいい母娘の温かみが伝わるものばかり。店名のサイエが意味するのは「私とあなたの間」。「母と娘、私たちの間にあるもの」という思いが込められています。

さりげないディスプレイもステキ

小皿 26,000W
果実の形や色を表現

シンプルなデザインが特徴

暮らしに寄り添う陶器がたくさん

ミモザの小皿

繊細で美しいラインのマグカップ

中区北城路102（北城路1街74）
☎ 010-4841-3228
営 12:00〜17:00（変動あり）
休 火曜、日曜不定休
※営業時間、休みはInstagramで確認
1号線中央路駅4番出口より6分
@ _btwn_　MAP ▶ p123 A-1

ステキな香りを思い出に
오늘향기
オヌルヒャンギ

「今日の香り」という意味の小さなショップは、大邱市庁の近くにあったアリスポケットの新店舗。広い道路に面したオープンスタイルのステキなお店です。ほのかな香りを楽しむ繊維専用のドレスパフュームが中心。旅の思い出に、お気に入りの香りを探してみては。

道行く人が立ち止まって香りを体験

中区国債報償路633（公平洞95-25）
☎ 010-9208-4877
営 11:30〜20:30
休 なし
1号線中央路駅3番出口より9分
@ alicepocket_official
MAP ▶ p123 B-2

人気のパン屋さん集合〜！
大邱みやげにパンはいかが？

老舗パン屋さんから話題のお店まで、どこも個性のあるお店ばかり。ここだけのパンをおみやげにしてみませんか。

新しい大邱みやげに
오월의 아침
オウォレアッチム

黄金銀杏パン 1 個 3,000W
大邱シグネチャーデザート
公募展で優秀賞を受賞

台湾のパイナップルケーキをヒントに試行錯誤の末に作り上げた黄金銀杏パン。銀杏の形にしたのは、「大邱の世界遺産、道東書院の銀杏の木を見て心が安らいだことがきっかけ」と話す、代表のキム・サンジュンさん。紅葉した銀杏の葉に光があたると黄金色に輝くことから、この名前をつけました。スコーンのような生地の中には、大邱・八公山のリンゴを使った甘さ控えめでシャキシャキとした食感の自家製リンゴジャムがたっぷり。個別包装で1つから購入でき、箱入りもあるので、大邱みやげにおすすめです。

プレゼントセット
6 個入り 18,000W

人気の名品あんパンをはじめ、種類豊富なパンが並ぶ

リンゴ・チョコ・チェリー・クルミの 4 個入り。
12,000W

ドリンクメニューもあり、
イートイン OK

達西区上仁西路 8-5 （上仁洞 1554-2）
☎ 053-639-5578
営 8：00 〜 21：00
休 なし
1 号線上仁駅 4 番出口より 22 分
MAP ▶ p125 D-4

삼송빵집

サムソンパンチプ

1957年に大邱南門市場でオープンした老舗店。あふれるほどのトウモロコシが入ったパンは「麻薬パン」と呼ばれる人気商品です。本店だけで販売するパンも要チェック。

薬令市周辺に、有名パン屋さんの本店が集合！

小豆と白あん、クリームチーズを練り込んだソボロパン

トウモロコシパン（麻薬パン）2,400W
本店だけで販売する2種類のパン
各5,500W

あんとトウモロコシ、餅が入ってボリュームたっぷり

中区中央大路397（東城路3街1-3）
☎ 053-254-4064
営 8：00～22：00（売り切れ次第閉店）
休 なし
1号線中央路駅1番出口より2分　　MAP ▶ p123 B-1

근대골목단팥빵

クンデコルモクタンパッパン

小さなリンゴのような大邱ヌングムパンは、おみやげにもぴったり。薬令市にあるこの店舗が本店で、広々としたカフェもあるので、コーヒータイムにもおすすめです。

紅麹米を練り込んだ生地にリンゴとクリームチーズがたっぷり。
대구 능금빵 1個 3,900W

ふっくらとして食感のいい小豆たっぷりのあんパン 2,500W

中区南城路7-1（東城路3街35-14）
☎ 053-423-1883
営 9：00～21：00
休 なし
1・2号線半月堂駅18番出口より7分
MAP ▶ p122 B-4

빵장수단팥빵

パンジャンスタンパッパン

ふんわりとしたミルク生クリームたっぷりの生クリームあんパンが代表商品。鍾路本店は2階にカフェがあるので、薬令市を見下ろしながらゆっくりできます。

丸ごとあんパンや砂糖なしのあんパン、栗あんパン、サツマイモあんパンなど種類豊富

生クリームあんパン 3,200W

中区南城路54（東城路3街48-2）
☎ 053-256-0600
営 9：00～22：00
休 なし
1号線中央路駅1番出口より6分
MAP ▶ p122 C-4

韓屋ステイとオーガニックカフェ moga のステキな空間

人気カフェの moga から、その思いは変わらず、ゆったりとしたステイを提案。心も体も癒される旅のひとときを。

ステイ型の旅を提案
한옥모가
ハノクモガ

　三徳洞の人気店、カリン商店と家コーヒーの建物をリモデルして、韓屋ステイ施設をオープン。moga の新しい試みが始まりました。韓国伝統家屋の屋根と柱を残し、同じ間取りで、日本式家屋専門の建設会社が施工。ほぼ新築ながら、古い家具を配置した室内は、新しさと懐かしさが融合したステキな空間です。ゆっくり過ごしてほしいという思いから、オーナー手作りの朝食付き。ベッドなどの家具はもちろん、タオル、せっけんにいたるまで既製品はほとんどなく、すべてにこだわっています。心身ともに癒される、ステイ型の旅が満喫できます。

古い家具はオーナーのコレクション

健康的な朝ごはんで、心身ともにリフレッシュ

ゆっくり浸かりたい広いお風呂

寝心地のよいベッド。すべてに心づかいが感じられる

伝統を生かした韓屋の建物

中区達句伐大路 447 キル 34-3
（三徳洞 3 街 276-3）
☎ 010-8856-8488
営 IN15：00 / OUT11：00
平日 35 万 W、週末 40 万 W
※予約は InstagramDM で
2 号線慶大病院駅 4 番出口より 8 分
@ moga_and_karin
MAP ▶ p123 C-4

体にやさしいお茶やスイーツ
organic moga
오가닉모가 / オーガニックモガ

このエリアがまだ静かだった2010年にオープンし、韓屋カフェの先駆けだった「moga」。コンセプトは変わらず、少しシンプルに、広々とした空間にリモデルして、2020年にオーガニックmogaがスタートしました。店名の通り、オーガニック素材を使ったお茶やスイーツが楽しめます。冬期のイチゴをはじめ、季節の果物を使ったケーキも人気です。

古いタイルや窓ガラスがステキな韓屋

フルーティーな香りの白茶 5,000W

冬期限定のイチゴケーキも人気
ムンギョン産の有機農オミジャ 6,000W

中区東徳路 48-5（大鳳洞 40-17）
☎ 0507-1372-4554
営 12：00～19：00
休 火・水曜
2号線慶大病院駅 3番出口より 8分
@organicmoga　MAP ▶ p123 D-3

一人で過ごす非日常
한옥모가 별채
ハノクモガ ピョルチェ

ベッドの前は大きな窓

韓屋mogaの1～2人用の空間として、新たに離れをオープン。こちらは路地の中にあり、おばあちゃんの家のような、小さな一軒家です。アンティークの棚や小物でまとめたコンパクトなキッチンやベッドなど、どこを見てもかわいらしい雰囲気。日常を離れた一人旅で、ゆっくり過ごしてみたいステキな空間です。

キッチン回りもかわいらしい

コンパクトにまとまったくつろぎ空間

中区達句伐大路 445 キル 34-19
（三徳洞3街 278-4）
☎ 010-8856-8488
営 IN15：00 / OUT11：00
平日 15万W、週末 18万W
※予約は InstagramDM で
2号線慶大病院駅 4番出口より 8分
@ moga_and_karin　MAP ▶ p123 C-4

DAEGU
40

大邱の名刹、桐華寺へ 精進料理の体験もできます

 ハイキング気分で桐華寺まで。自然あふれる八公山のパワーを感じながら、体にやさしい精進料理でリフレッシュ！

自然の中の歴史あるお寺
桐華寺
동화사 / トンファサ

統一薬師如来大仏

大邱中心部から北東約20kmのところに位置する八公山の中腹にある桐華寺。493年、極達和尚によって創建された当時は瑜伽寺という名称で、832年、心地王師によって再建されました。そのとき、冬なのに境内に桐の花が咲いていたことから、桐華寺の名がつけられたと伝わっています。大雄殿には、阿弥陀如来、釈迦牟尼、薬師如来が祀られ、山を背にそびえる統一薬師如来大仏は1992年に完工。多くの人々がお参りに訪れています。四季折々に自然が美しく、特に秋の紅葉は見ごたえがあります。

大雄殿に祀られている3体の仏像

美しい秋の紅葉

大雄殿

東区桐華寺1キル（道鶴洞）
☎ 053-985-0980（桐華寺観光案内所）
東大邱駅よりバス＜急行1＞で約40分、バス停から徒歩約15分
MAP ▶ p121

滋味深い料理の数々
精進料理体験館
사찰음식체험관 / サチャルウムシクチェホムグァン

　桐華寺には、2015年に開設された精進料理体験館があります。一般の人たちにも精進料理を体験し、味わってほしいという僧侶たちの思いから、敷地内に体験館が作られました。外国人向けの体験コースもあり、日本語堪能なキム・ジョンヒ先生が丁寧に教えてくれます。日本の精進料理と同じく、肉や魚はもちろん、韓国料理に欠かせないニンニクをはじめ、ニラやネギ、タマネギといった香りの強い野菜などは使いません。1時間半〜2時間で3種類の料理を仕上げたら、お楽しみの食事タイム。淡白な素材ながら、おいしくて食べごたえのある体にやさしい料理です。体験の前後に、お寺の散策も楽しんでください。

日本語堪能なキム・ジョンヒ先生

日本語レシピも用意されているので安心

どれも味わい深い料理ばかり

レンコンのエゴマ焼き

白菜味噌包み
エゴマ葉っぱ焼き

精進料理教室
基本コース：20,000W
開催日要相談
10：00〜13：00、
14：00〜17：00
5名以上で要予約
kjhee3@yahoo.co.jp
MAP ▶ p121

DAEGU 41

今日はどこに行く？
ヒーリング＆トッポッキ体験！

韓国ならではのチムジルバンや汗蒸幕で、のんびりまったり。トッポッキミュージアムで美味しい体験。どっちにする？

旅の疲れもすっきり！
엘리바덴 신월성점
エリバーデン シンウォルソンジョム

大邱の人気チムジルバン。都心の複合リゾート地がコンセプトで、市内から少し離れていますが、各種設備が整っていて快適です。4階でチケットを購入して入館。サウナ入場時に、タオルと室内着を受け取ります。ここからは、ゆったり、のんびり。汗を流したら、室内着に着替えて、5階のチムジルバンへ。広々としていて、思い思いに寛ぐ人たちの姿が見えます。60度前後の香花石やヒマラヤ塩のサウナ、韓国伝統の高温サウナ「汗蒸幕」などがあり、いろいろ楽しみながら、ゆっくり過ごせます。

韓国ならではの汗蒸房はぜひ！

屋上のインフィニティプール
（別料金）

仮眠コーナー。どこでも寝転べるが、一人で使えるタイプが快適

ヒマラヤ塩サウナ

広々としたチムジルスペース

達西区租岩路 38（月城洞 1828）
☎ 053-288-5000
営 24 時間（スパは 6：00〜23：00）
休 なし
料 20,000W（チムジル＋スパ 6 時間利用）
1 号線上仁駅 1 番出口より 22 分
http://www.elybaden.com/wolseong/
MAP ▶ p125 C-1

食べて作って楽しめる
SINJEON MUSEUM
신전뮤지엄 / シンジョンミュージアム

　大邱に本店があるトッポッキの人気店、シンジョントッポッキ。韓国全土に700を超える店舗があり、日本など海外にも進出しています。2020年にオープンしたシンジョンミュージアムでは、広報館として企業の歴史や商品を紹介。シンジョンミールでは、揚げたての天ぷらとシンジョントッポキの試食ができ、マイカップトッポキファクトリーでは、自分だけのカップトッポキが作れます。ミュージアムショップでは、シンジョントッポッキのキャラクターグッズも販売。見学後には、カフェスペースでゆっくりすることができます。

マイカップトッポキファクトリー

自分だけのカップを作ったら、ラインに乗せるだけ

シンジョントッポッキの歴史を紹介

揚げたての天ぷらと辛めのトッポッキがおいしい

キャラクターグッズもかわいい

大邱広域市北区観音路43
（観音洞1369-1）
☎ 053-321-6339
営 10：00〜17：30
（入館は〜16：30）
休 月・火曜
入館料 10,000W（体験込み）
3号線漆谷雲岩駅1番出口より25分
https://sinjeon-museum.com/
MAP ▶ p120

テーマパークのような楽しい空間

コミュニケーションも楽しい ゲストハウスに泊まる！

💡 地域密着でアットホーム、スタッフや宿泊客との交流も楽しいゲストハウス。旅先でのステキな出会いも思い出に。

薬令市の静かなゲストハウス
Bomgoro Guest House
봄고로 게스트하우스 / ポムゴロゲストゥハウス

館内に飾られたネコの写真がステキ

薬令市エリアに2017年オープンのゲストハウス。東城路などの人気エリアにも近く、観光に便利な立地です。詩のタイトルから付けたゲストハウスの名前はネコにちなんでいて、看板や館内に飾られた写真などにもネコが登場。シンボルのようになっています。部屋は2・4・6人室があり、2人室を1人で利用する場合に価格が安くなるのも、一人旅にはうれしいポイント。直接メールで予約すれば、いろいろな情報を事前に教えてもらえるので安心です。親切なオーナーのナム・ヒョンスさんは英語が堪能。一人旅や外国人リピーターの多いゲストハウスです。

4人室 95,000W（週末11万W）

周辺情報など、オーナーに聞いてみて

2人室 55,000W（週末6万W）。1人の場合は4万W（週末5万W）

中区鍾路 23-23（壮観洞 49）
☎ 010-9357-0264
営 IN16：00～22：00 / OUT11：00
bomgoro@naver.com
1・2号線半月堂駅 18番出口より4分
@ bomgoro
MAP ▶ p122 C-4

地域情報の宝庫！
共感ゲストハウス
공감게스트하우스 / コンガンゲストゥハウス

地域の観光と国際交流に尽力する社会的企業が運営するゲストハウス。韓国内はもちろん、世界各国からたくさんの旅行客が訪れています。ドミトリーや、2・4～5・6～8人室があり、しっかりとした木製二段ベッドを完備した韓国式の暖かいオンドル部屋で、ゆっくり眠れます。フロントには多数のパンフレットが置かれ、観光のアドバイスもバッチリです

1・2階は、居心地のよいラウンジと交流スペース

中区中央大路79キル32（鍾路2街15）
☎ 010-9447-9592、070-8915-8991
営 IN 15：00～18：00
（18：00以降セルフチェックイン）
OUT 11：00
empathy215@gmail.com
1号線中央路駅1番出口より3分、
1・2号線半月堂駅15番出口より4分
MAP ▶ p122 B-4

部屋の一例。ドミトリー1人27,000W（シーズンオフは2万W）。2人室5万W（週末55,000W）

便利な立地のゲストハウス
ZERO guesthouse
제로 게스트하우스 / ゼロゲストゥハウス

大邱初の無駄や浪費をなくしてゴミを出さないゼロウェイストを実践するゲストハウス。宿泊しながら、自然にゼロウェイストが理解できるように作られています。建物の2・3階から出入りし、冷蔵庫やミニキッチンのある共有スペースを完備。気軽に泊まれるドミトリーは、1泊1万ウォン台からとリーズナブルです。

ドミトリーが中心。平日1人19,000W～（10人室）。
2人室45,000W（週末5万W）

中区東城路12ギル9（東門洞38-9）
☎ 010-4522-1066、070-7708-3145
営 IN 15：00～19：00（19：00以降セルフチェックイン）
OUT 11：00
local8future@naver.com
1号線中央路駅3番出口または大邱駅1番出口より3分
MAP ▶ p123 B-1

ゼロウェイスト商品を紹介するコーナーも

※各ゲストハウスは、各種旅行サイトから予約できます。メールや電話での予約については、お問い合わせください。

街中からの自然散策
山と水辺でリフレッシュ！

街歩きの延長で、山や水辺にも行けてしまうのも大邱の魅力です。自然に触れてリフレッシュしたら、次はカフェめぐり！

湖岸散策でリフレッシュ
寿城池

수성못 / スソンモッ

湖水公園として親しまれている寿城池は、もともと農業用貯水池として造られました。2000年頃まで農業用水を供給していましたが、都市化によりその役目を終え、市民の憩いの場となりました。遊歩道に明かりが灯り、夜景が美しい夜の寿城池もおすすめ。夏期の噴水ショーも人気です。北角に寿城池案内所があり、パンフレットなどを完備。寿城区のキャラクターグッズも販売しています。寿城池周辺には雰囲気のいいカフェが多く、散策のあとにカフェめぐりも楽しめます。

1927年に竣工された取水塔

遊歩道も整備

キラキラ輝く水面が美しい寿城池

寿城池案内所

キャラクターグッズも販売

寿城区斗山洞
3号線寿城池駅1番出口より10分
MAP ▶ p124 B-3

山の上から大邱を眺める
アプ山公園展望台
앞산공원전망대 / アプサンコンウォンチョンマンデ

南区にある海抜660メートルのアプ山。左右に2つの山があり、それらの峰の北側にアプ山公園があります。公園からケーブルカーで展望台へ。展望台からは、大邱の街並みから八公山まで、パノラマビューが楽しめます。展望台には大きなウサギのオブジェがあり、その向こうに空が広がる風景は壮観。麓周辺には、アプ山カフェ通りがあります。

大邱の街を一望

運行時間は約5分
往復 12,000W

ウサギのオブジェがかわいい！

南区アプ山循環路 574-87（大明洞山 227-5）
☎ 053-625-0967
営ケーブルカーは、10：30～19：30（1～3月～18：30、2・10月～19：00）※金～日曜・祝日は1時間30分～2時間30分延長（季節により異なる）
※運行の詳細は HP で確認 http://www.apsan-cablecar.co.kr
1号線顕忠路駅またはアンジラン駅よりタクシーで約5分（徒歩約35分）
MAP ▶ p125 B-4

サンセットを見にいきたい
アプ山ヘノミ展望台
앞산 해넘이전망대 / アプサンヘノミチョンマンデ

アプ山の麓にあり、螺旋を描くスロープから、街中の風景が一望できます。ヘノミは日の入りの意味で、その名の通り、日暮れの景色が美しい展望台。アプ山洗濯場公園に位置していることから、展望台が洗濯物を絞った形をしているそうです。日が暮れると展望台や周辺がライトアップされ、美しく輝きます。

夜はライトアップされて雰囲気が変わる

南区大明洞 1501-2
☎ 053-664-2783
営 9：00～22：00
1号線大明駅2番出口より15分
MAP ▶ p125 A-1

洗濯物を絞ったときの形？

アプ山空の橋

DAEGU
44

市場を目指して郊外まで
五日市と名物料理を堪能！

韓国の市場をさらに知りたいなら、五日市に行ってみて。見ているだけでも楽しくなります。1日たっぷり市場であそぼう！

玄風100年トッケビ市場
현풍 100년 도깨비 시장 / ヒョンプンペンニョントッケビシジャン

　1918年に開設。達城郡玄風邑に位置し、達城郡一帯で最大規模の市場です。100年を超える歴史があり、1980年代まで牛市場が開かれていました。その後、牛市場の移転などで衰退していましたが、2010年に新しい建物になり、2012年には文化観光型特性化市場に選定。五日ごとに立つ市の日には、常設市場のまわりから周辺の道までたくさんの店が並び、遠方からも大勢の人が訪れます。名物料理は、牛市場ではポピュラーな料理だったというソグレクッパプ。聞き慣れない名前ですが、ソグレは牛の皮と赤身の間で、肉でもなく脂身でもないような部分とのこと。ソグレクッパプの食堂が並ぶ路地で、ソグレとソンジがどっさり入った栄養たっぷりのスープを味わってみてください。

達城郡玄風邑玄風路6キル5（院橋里12-5）
1号線舌化ミョンゴク駅7番口から4分、ミョンゴクリ1バス停より急行4番バスで約34分、達城郵便局向かいバス停下車、徒歩6分

※五日市は、5と10の日に開催（5・10・15・20・25・30日）　MAP ▶ p120

현풍 양조장
ヒョンプンヤンジョジャン

地元の琵瑟山生マッコリの醸造場。さっぱりと後口のよいマッコリです。醸造場は、作業が終わったら無人になるので、購入は別の場所で（地図内）。醸造場横に屋台が出ている場合は、代わりに販売している場合も。

750ml 1,500W
1200ml 2,000W

ソグレクッパプ通り
常設市場内からも出入りできる

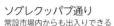

常設市場

ヒョンプン
ヤンジョジャン

薬局横に
琵瑟山生マッコリの
販売所がある

玄風100年トッケビ市場

イバンアジメ
ソグレチプ

昔ながらの醸造場

このあたりにお店がたくさん！

もちもち食感のおいしい
ホットク！

玄風市場

이방아지매 소구레집
イバンアジメ ソグレチプ

60年の伝統があるソグレクッパプの専門店。母・娘・孫と3代続くお店です。店頭の大きな鍋でスープを煮込み、ソグレクッパプのお店が並ぶ路地で、ひと際賑わっています。注文するとすぐ、煮えたぎって湯気が上がるクッパプが運ばれてきます。ソグレは臭みもなく、ぷるんとした食感です。ソンジもたっぷり入って、栄養満点です。見た目ほど辛くなく、最後までおいしく食べられます。

達城郡玄風邑玄風路6キル5
（院橋里 12-5）

ソグレクッパプ 8,000W

店頭の大鍋で
ぐつぐつ煮込む

ソグレとソンジがたっぷり

市の中に郡がある？
達城郡は歴史と自然の宝庫

大邱広域市の南西部に位置する達城郡は広く、市の大半の面積を占めていたところ。歴史散策に出かけてみましょう。

南平文氏本里世居地（仁興村）

남평 문씨 본리 세거지 (인흥마을)
ナムピョンムンシポンリセゴジ（イヌンマウル）

古宅の前に綿花の畑が広がる

廣居堂

達城郡花園邑仁興キル16
（本里里401-2）
MAP ▶ p120

初夏には蓮が美しい

中国から綿花の種を持ち帰って栽培を成功させた文益漸の18代目にあたる文敬鎬が形成した南平文氏の村。現在も子孫が暮らしています。教育の場として使われた廣居堂や壽峰精舎など、土壁が続くのどかな風景の中に、嶺南地方の伝統的な両班家屋が並んでいます。

馬飛亭壁画村

마비정벽화마을 / マビジョンピョッカマウル

かわいらしい壁画が描かれている

机と椅子が置かれたフォトゾーン

入口にある馬のモニュメント

達城郡馬花園邑
飛井キル262-5
（本里里1399）
MAP ▶ p120

30世帯ほどが居住する小さな村で、藁葺き家屋の土壁などに60〜70年代の農村の風が描かれています。下から見ると下りてくるように、上から見ると登ってくるように見える牛の絵など、トリックアートのようなものも。入口には、村の名の由来にもなった悲しい伝説が残る2頭の馬のモニュメントがあります。

沙門津

사문진 / サムンジン

洛東江の風景が美しい

沙門津遊覧船
約40分の周遊
時間：10:00 〜 17:00、1時間毎
（12:00 昼休み、10:00 予約優先、17:00 夕日観光）
乗船料：平日 8,000W、週末 10,000W
MAP ▶ p120

花園東山

　朝鮮時代に大邱と慶尚道地域に運ばれてくる物資の集散地で、渡し船の船着き場がありました。韓国で初めてピアノが入ってきた場所でもあり、2021年から100台ピアノコンサートを開催しています。花園東山は、朝鮮時代に王が花を観賞したところで、現在も季節の花が美しい憩いの場として整備されています。

沙門津酒幕村
사문진주막촌 / サムンジンチュマクチョン

　渡し船の船着き場があった場所に、伝統を生かして再現された酒幕村。酒幕は昔の宿泊施設兼居酒屋のようなところです。風情のある場所で、洛東江の風景とともに、地域のマッコリや料理をゆっくりと楽しめます。

牛肉のクッパをはじめ、ニラチヂミや豆腐など、マッコリによく合う料理の数々

地元のマッコリ、沙門津タッペギと琵瑟山マッコリ

達城郡花園邑沙門津1キル42-1
（城山里 313-1）
☎ 053-659-4465
営 11：30 〜 18：30
休 月曜
MAP ▶ p120

まだまだあるよ！
広い達城郡は見どころ満載

自然に囲まれた達城郡には、見どころがたくさん。アクセスが厳しいところもありますが、機会があれば足をのばしてみて。

道東書院
도동서원 / トドンソウォン

樹齢400年を超える見事な銀杏の木　　　　画像提供：朴利達

道東書院の講堂、中正堂

道東書院の正門にあたる楼閣、水月楼

達城郡求智面道東書院路1
（道東里35）
MAP▶p120

宝物に指定された土塀も必見

　朝鮮時代初期の儒学者、寒暄堂と金宏弼を祀った書院。1568年に地元の儒学者らによって創建され、1604年に再建、1607年に道東書院となりました。朝鮮時代の書院建築の美しさがあちこちに見られ、まわりを取り囲む宝物第350号の土塀も必見です。書院の庭には保護樹に指定された樹齢400年もの大きな銀杏の木があり、黄色に染まる秋が一番の見ごろです。2019年、安東の陶山書院や屏山書院などとともに、韓国の書院として、世界文化遺産に登録されました。

大見寺
대견사 / テギョンサ

有形文化財第42号の三層石塔

仏様が佇む姿に見える仏の岩と山肌に建つ三層石塔

達城郡瑜伽邑
イルヨンソンサキル177
（瑜伽面山1-2）
MAP ▶ p120

新羅時代に創建されたと伝わりますが、詳しい歴史はほとんど残っておらず、2014年に復元されました。大邱の南にそびえる琵瑟山の頂上に位置し、標高1千メートルの高さから、慶尚道、全羅道、忠清道と、それらにある山々を望む風光明媚なところ。初夏はツツジが咲き誇り、山がピンクに染まります。

鹿洞書院・達城韓日友好館
녹동서원 / ノクトンソウォン

鹿洞書院

沙也可の生涯を展示

達城郡嘉昌面
友鹿キル218
（友鹿里585-1）
MAP ▶ p120

金色の招き猫がシンボル

1971年に現在地へ移った鹿洞書院には、朝鮮に帰化し、偉業を成した金忠善将軍（日本名：沙也可）の位牌が祀られ、春と秋には祭祀が執り行われています。2012年には達城韓日友好館が建てられ、日韓の文化交流を目的に、金忠善の歴史を伝える資料などを展示。韓国伝統衣装や文化の体験も楽しめます。

道東書院、馬飛亭壁画村、仁興村、鹿洞書院・韓日友好館はシティツアーバスのコースに入っていましたが、2024年春以降のコースについては、HPをご確認ください。　https://www.daegucitytour.com/

2番目の郡はニューフェイス！
軍威郡へ行ってみよう

2023年7月に慶尚北道から大邱広域市に移管された軍威郡。
広～い軍威郡の見どころをチェックしてみましょう！

花本駅
화본역 / ファボンヨク

自然に囲まれた美しい花本駅

大きな給水塔

軍威郡にある中央線の駅で、1日わずか3本だけ停車する簡易駅（2023年12月現在）。1938年の開業当時は、軍需物資を運ぶために蒸気機関車が走っていたので、現在も給水塔が残されています。三角屋根の駅舎には、100年の歴史を伝える写真などを展示。入場券を買うと駅舎に入ることができ、給水塔だった建物も見学できます。中央線は複線化が進み、徐々に路線も変わっていて、この駅も2024年12月に廃止になる予定とのことです。

軍威郡山城面
山城カウム路711-9
（花本里1224-1）
入場券 1,000W
MAP ▶ p121

엄마아빠 어렸을적에
オンマアッパオリョッスルチョゲ
（ママ、パパが小さかった頃）

懐かしい教室

ちょっと昔のいろんなものを展示

廃校になった中学校を使って60～70年代を再現したテーマ博物館。学校の教室は、机や黒板もそのままで、懐かしさがあふれています。

軍威郡山城面山城カウム路722（花本里826-1）
☎ 054-382-3361
営 9：00～18：00（11～2月は～17：00）
休 なし　入場料 2,000W　MAP ▶ p121

八公山石窟庵
팔공산 석굴암 / パルコンサンソックラム

国宝第109号の軍威阿弥陀如来三尊

石窟に続く階段を上ることはできない

石造毘盧遮那仏坐像

　八公山石窟庵は、絶壁の石窟に祀られている軍威阿弥陀如来三尊、石造毘盧遮那仏などが保存されています。三尊石窟は、自然洞窟の中に仏像を配置した本格的な石窟寺院で、慶州石窟庵に続く2番目の石窟庵であることから、第二石窟庵と呼ばれていた時期もありました。以前は内部を公開していましたが、保存・管理のため、現在は外からの観覧のみになっています。

1991年に建立された毘盧殿（法堂）

軍威郡缶渓面南山里
MAP ▶ p121

映画『リトル・フォレスト 春夏秋冬』撮影地

2018年に公開された大ヒット映画『リトル・フォレスト 春夏秋冬』で主人公ヘウォンの家として撮影されたところ。軍威郡の人気観光スポットになっています。

軍威郡友保面美城5キル58-1（美城里 927-2）
MAP ▶ p121

すべて2023年度のシティツアーバスのコースに入っていましたが、2024年春以降のコースについては、HPをご確認ください。https://www.daegucitytour.com/

自然と建築物が美しく調和
静けさと向き合う「思惟園」

四季折々の自然の中で、ゆったりとした時間。お茶やランチ、ディナーも楽しめ、自分のために過ごしてみたい場所です。

軍威郡にある世界でも珍しい山地庭園。2021年に開園しました。広大な敷地に、松やサルスベリ、カリンなど、長い歳月を乗り越えたたくさんの木々や思いを刻んだ石像とともに、ポルトガルのアルヴァロ・シザや韓国のスン・ヒョサンなど、名だたる建築家による建物が美しく調和しています。「思惟」という言葉が意味するのは「心で深く考えること」。都会を離れ、「思惟」の庭園で自分のための時間を過ごすことができます。

園内全体を周るコースは約4時間所要。1～3時間のコースもHPで紹介されていますので、参考にしてください。見どころをピックアップして紹介します。

逍遙軒
소요헌 / ソホヨン

ポルトガルの建築家アルバロ・シジャが設計した建築物。当初スペインのマドリードに建てられる計画でしたが、設立者の長年の努力の末、思惟園に建設されました。

Photo by JongOh Kim

瞑庭
명정 / ミョンジョン

空だけを眺める庭、水の流れが聞こえる忘却の海、赤い彼岸の世界で構成。現世と来世が交差する空間で、思惟園を代表する建築物です。

思惟園
사유원 / サユウォン

軍威郡缶渓面雄山孝令路1150
☎ 054-383-1278　営 9：00 ～ 17：00　休 月曜（祝日の場合は翌日）
入場料：5万W
東大邱駅より車で約50分
https://www.sayuwon.com/　※予約など詳細はHPで確認
MAP ▶ p121

風雪幾千年
풍설기천년 / プンソルキチョンニョン

　樹齢300年以上のカリンの木108本がある場所。空に向かって枝を広げ、たくさんの実を付けたカリンの木から、風雪に耐えた長い年月の力強さが感じられます。

Photo by JongOh Kim

玄庵
현암 / ヒョナム

　思惟園で最初に建築された建物。玄庵という名前には、玄妙で美しい家という意味が込められています。四季折々の移ろいを感じながら、心身ともにゆったりと過ごせる場所です。

玄庵ティーハウス　1〜3部各10万W、サンセットプログラム13万W（平日、入場料込。週末・祝日は別途）　※要予約

嘉嘉彬彬
가가빈빈 / カガビンビン

　思惟園の最も高い場所にあり、遠く八公山毘盧峰の頂上を望みます。地と風と光、安らぎと緊張のバランスがとれたくつろぎの空間で、ゆっくりとコーヒーやデザートが楽しめます。

Photo by JongOh Kim

悟塘・臥寺
오당・와사 / オダン・ワサ

　悟りを得る池を意味する悟塘。谷間の落差を利用して5つの池を造成しました。臥寺は建築家スン・ヒョサンの設計による建物です。

大邱から始まる慶北旅
歴史あるマッコリを訪ねて

韓国で飲みたいおいしいマッコリ。マッコリ求めてどこまでも。大邱から近い慶北エリアにある、長い歴史のマッコリ醸造場へ!

長い歴史の醸造場
漆谷醸造場
칠곡양조장 / チルゴクヤンジョジャン

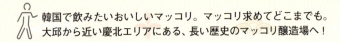

創業140年を超え、4代続く醸造場。大邱に隣接する慶尚北道漆谷郡にあり、慶北はもちろん、全国的にも古い醸造場の一つに数えられています。昔からの製法を守り、国産米80%と小麦粉20%で醸造する伝統生マッコリは、時代が変わってもその味は変わりません。不思議なのは、ふたを開けた瞬間と口に含んだ時、なぜかバナナの香りと味を感じること。もちろん、バナナが入っているわけではなく、この醸造場の酵母菌や地下水、そして自然発酵から醸し出されるものなのです。すっきりフルーティー、また飲みたくなる味です。

1本1,600W、1本から購入可能

朝早くから作業が始まる

昔の酒造製造業の免許

マッコリを量った桶

シンドン生マッコリ
無添加・自然発酵のため賞味期限は10日

慶尚北道漆谷郡枝川面新洞路152
(新里399-12)
☎ 054-972-2102
東大邱駅または大邱駅よりムグンファ号で新洞駅まで15〜20分、徒歩約5分
※営業時間は決まっておらず、不在の場合はお金を置いて持って帰ってくださいとの張り紙あり
MAP ▶ p120

切れ味のいいマッコリ
東谷醸造
동곡양조 / トンゴクヤンジョ

　1929年創業の歴史のある醸造場。現在も創業当時の建物でマッコリを造っています。米30％、小麦粉70％で、地下150mからの地下水を使って醸造。余計な甘さがなく、すっきりとして切れ味のいい飲み口のマッコリです。1日の製造量は多くなく、購入は、醸造場（10本以上）または清道近隣のお店で。

昔ながらの製法で醸造

この看板が目印

清道郡錦川面東谷キル 16（東谷里 799-8）
☎ 054-372-3015
営 8：00 ～ 17：00（12：00 ～ 13：00 は昼休み）
東大邱駅または大邱駅よりムグンファ号・ITX で清道駅まで約 30 分、清道公用バスターミナルから 3 番バス（東谷）で東谷公用バスターミナルまで約 70 分、徒歩約 5 分
MAP ▶ p121

トンゴクドンドンジュ
10本 12,000W

清道でチュオタンを食べる！
チョンド

　慶尚北道清道郡は、大邱の南東部に隣接。東大邱駅からムグンファ号で2駅です。清道までは来たけれど、東谷まで行けない場合は、駅近くのスーパーでトンゴクドンドンジュを買うことができます。

　清道駅前にはチュオタン（ドジョウ汁）のお店が並ぶ清道チュオタン通りがあります。スープに透明感があって、すっきりした味の慶尚道式のチュオタン。なかでも清道のチュオタンは、ドジョウだけでなく雑魚も一緒に煮込み、深くまろやかな味が特徴です。

大邱から始まる慶北旅
慶州世界遺産めぐり

 1000年にわたる新羅の都、歴史ある慶州。仏国寺・石窟庵と良洞村、慶州歴史遺跡地区。世界遺産めぐりに出かけましょう。

慶州歴史遺跡地区
경주역사유적지구 / キョンジュヨクサユジョクチグ

　新羅王朝の都として栄えた慶州には、数多くの遺跡が残っています。2000年、王宮や古墳、仏教などの遺跡を有する5地区が慶州歴史遺跡地区として世界文化遺産に登録されました。なかでも古墳群が密集する大陵苑とその周辺は、慶州市外バスターミナルからも近く、歩いてぐるりと回れるエリア。高い建物がない慶州の町は、古墳とその上に広がる広い空が印象的。「屋根のない博物館」といわれる慶州を体感できます。緑が鮮やかな新緑の季節はもちろん、桜が咲き誇る春や紅葉の秋など、どの季節に訪ねても慶州ならではの魅力が満喫できます。

大陵苑

대릉원 / テルンウォン

皇南大塚

天馬塚　味鄒王陵

　新羅13代王を安置する味鄒王陵をはじめ、慶州最大の古墳である皇南大塚、国宝級を含む1万点以上の遺物が出土した天馬塚などが点在。古墳群の規模は慶州で最も大きく、23基の古墳が集まっています。天馬塚は、唯一内部を公開している古墳で、発見された金冠や装飾品などは、国立中央博物館と国立慶州博物館に所蔵されています。

慶州市鶏林路9（皇南洞268-10）
開 9：00～22：00
（入場は21：30まで）
料 3,000W
慶州市外バスターミナルより
15～20分

仏国寺・石窟庵

불국사・석굴암 / プルグクサ・ソックラム

　韓国最高の仏教芸術といわれる名刹、仏国寺。1970年代に現在の姿に復元され、1995年、石窟庵とともに世界文化遺産に登録されました。まずは青雲橋・白雲橋、七宝・蓮花橋を見たら、廻廊を通って極楽橋、大雄殿へ。王室の許しがないと作れないといわれる屋根付きの廻廊がある寺は珍しいそうです。そして、無説殿から観音殿、毘盧殿、羅漢殿へ。1時間ほどあれば、ゆっくり見て回れます。

　韓国を代表する石窟寺院の石窟庵には、本尊の釈迦如来像など多くの仏像が祀られており、ガラス越しに見学。仏国寺から石窟庵へはバスで移動します。効率的に見て回れるように、仏国寺に入る前にバスの時間をチェックしておきましょう。

国宝第21号の釈迦塔

国宝第22号の七宝・蓮花橋

石窟庵の釈迦如来像

国宝第23号の青雲橋・白雲橋

慶州市仏国路385（新峴洞15-1）
開 9：00～17：00　料 無料
慶州市外・高速バスターミナルバス停より10・11・700番バスで30～40分。KTX慶州駅より700・711番バスで約60分
※石窟庵へは仏国寺から12番バス（約1時間毎）

　大邱から慶州への移動は、本数の多いバスが便利です。東大邱ターミナルから20～30分間隔で運行していて、所要時間は約1時間。慶州市外バスターミナルから大陵苑へは徒歩15～20分、仏国寺まではバスで30～40分で行くことができます。大陵苑や皇理団キル近くのバス停からも11番バスに乗ることができるので、午前中は大陵苑周辺、ランチを済ませて午後から仏国寺というコースもおすすめです。仏国寺の観覧料は、2023年から無料になりました。

大邱から始まる慶北旅
慶州ぶらぶら街あるき

ちょっと遠出するぐらいの感覚で、大邱からバスで1時間。ゆったりとした風景に癒されながら、街めぐりを楽しんで。

慶州市外バスターミナルから太宗路に出て、西にまっすぐ進んでいくと大陵苑や皇理団キルへ続いています。皇理団キル（ファンリダン）は、おしゃれなお店が集まる人気の通り。路地の中にも古い家屋をリモデルした個性的なお店があります。すぐ横には大陵苑、まわりにも古墳がたくさんあり、その風景に心が安らぎます。さらに北西方向に進んで、旧慶州駅にも足をのばしてみてください。2021年12月に廃駅となり、新慶州駅と統合。現在、新慶州駅は慶州駅に名称変更しています。旧慶州駅は歴史ある駅舎を残し、文化空間になっています。

慶州文化館 1918

어서어서
オソオソ

村上春樹ファンの店主のセレクトは、文学や小説などが中心。店内はたくさんの本とともに、柱時計や古い家具などがディスプレイされ、ほどよくレトロな雰囲気です。2020年からインタビューやエッセイを載せたマガジンも発行。2号店もオープンしました。

日本人作家のエッセイや小説の翻訳本も

ディスプレイもおしゃれ

慶州市鮑石路 1083（皇南洞 278-1）
☎ 010-6625-3958
営 11：00～19：30
（土・日曜は 10：00～21：00）
休 月末の月～水曜
@ eoseoeoseo

황남맨숀
ファンナムメンション

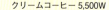

クリームコーヒー 5,500W

メイン通りから、細い路地を入ったところにあるカフェ。たばこの看板を模したロゴが目印です。古い住宅をリモデルした店内は、レトロで落ち着いた雰囲気。通りの喧騒を離れて、ゆっくりとコーヒーが味わえます。

静かにコーヒーを飲みたいときに

慶州市鮑石路 1064-5（皇南洞 303-22）
☎ なし
営 11：00～21：00（変動あり）
休 不定休

地図ラベル:
- ヌンポタウォン
- 慶州文化館 1918（旧慶州駅）
- COFFEE PLACE
- HALTAVOCA
- 慶州の人気店「COFFEE PLACE」。隣に大邱のジェラート店「HALTAVOCA」がオープン
- 慶州市外バスターミナル
- 慶州高速バスターミナル
- ベリサムヌンコンウォン
- 大陵苑 <P.104>
- スターバックス
- 皇理団キル
- バスターミナル近くの観光案内所
- ファンナムメンション
- オソオソ
- この看板が目印
- 慶州

陵浦茶園
능포다원 / ヌンポタウォン

　お茶の産地に生まれ、子どもの頃からお茶に親しんできたという店主が、2002年にオープンした伝統茶店。竹に囲まれた古い韓屋は、街中とは思えない静かな佇まいです。緑茶と紅参をブレンドして発酵させた自家製の黄茶は、体の中からポカポカと温まってきます。

店内の絵は画家であるご主人の作品

慶州市元暁路 91-3
(路東路 228-1)
☎ 054-774-2178
営 12:00〜21:30
(事前連絡で早く開けてくれる場合も)
休 なし

トラジ黄茶 10,000W。
お茶菓子は有機小麦粉で作る自家製カステラなど

배리삼릉공원
ベリサムヌンコンウォン

　「慶州の魅力が伝わるおみやげを作りたい」と、お店を始めて10年近く。慶州らしさが伝わる多数のアイテムが、次々と登場しています。2022年には、徒歩15分のところに「日常茶飯事」というお茶のお店もオープン。訪れるたびに慶州の思い出が増えていきます。

慶州の魅力が伝わるおみやげがたくさん

慶州市鮑石路 1095
(皇南洞 272-3)
☎ なし
営 10:00〜19:00
休 なし
@baeri3park

「日常茶飯事」の慶州茶 2,500W

パッケージデザインもステキ

大邱から始まる慶北旅
安東へ歴史散策の旅

「韓国精神文化の首都」といわれる安東には、世界遺産や重要な史跡、宝物がたくさん。歴史の旅に行ってみましょう。

慶尚北道の北部に位置する安東は、朝鮮王朝時代に貴族階級である両班が多く暮らし、儒学も盛んで「儒教のふるさと」といわれる伝統を誇る地域です。河回村は2010年、陶山書院と屏山書院は2019年、世界文化遺産に登録されました。

河回村
하회마을 / ハフェマウル

芙蓉台から望む河回村

曲線を描いて流れる洛東江が村を囲む河回村は、600年以上の歴史がある豊山柳氏の同姓村。現在も人々が暮らす村内には両班の伝統家屋や藁葺き家屋が建ち並んでいます。住民の約70%が豊山柳氏で、柳氏一族が伝統を守ってきました。河回村の東、万松亭から洛東江を挟んで向かい側にそびえる芙蓉台へは渡し船で行くことができ、芙蓉台から一望する村全体と村を囲んで流れる川の風景は壮観です。村内には宿泊できる家屋もあります。

河回村から芙蓉台へは徒歩移動は難しい。渡し船は水量が少ない時など運休の場合あり

柳雲龍の宗宅「養真堂（立巌古宅）」

両班の伝統家屋と藁葺きの家屋

安東市豊川面河回宗家キル2-1（河回里844-3）
☎ 054-840-6974（河回村観光案内所）
開 9：00〜18：00（冬期は〜17：00、入場は各30分前まで）
料 5,000W
安東ターミナルより急行2・210番バスで約40分（急行2は土日・祝日のみ）

陶山書院

도산서원 / トサンソウォン

朝鮮時代を代表する儒学者、李滉(退渓)が開いた陶山書堂を没後に書院として整備。安東出身の李滉は34歳で科挙(官吏)になり、各所で役職を歴任しました。陶山書堂は李滉自身が建て、実際に生活しながら弟子たちを教えた建物。その先に進道門があり、奥に書院の講堂にあたる典教殿があります。旧1,000ウォン札には李滉の肖像と陶山書院が描かれています。

李滉の生活の場でもあった陶山書堂

安東市陶山面陶山書院キル154(土渓里680)
☎ 054-856-1073
開 9:00〜18:00(冬期は〜17:00)
安東ターミナルより急行3バスで約60分(1日5往復)
料 2,000W

典教殿

屛山書院

병산서원 / ビョンサンソウォン

1572年、柳成龍により現在地に移築。洛東江を挟んで屛風のように山が連なる風景が、名前の由来といわれています。陶山書院とともに朝鮮五大書院に数えられ、2019年には「韓国の書院」として世界文化遺産に登録されました。自然の地形を生かして作られた晩對楼(マンテル)は、屛山書院を代表する建築物。柱の間から姿をのぞかせる洛東江と山のコントラストが印象的です。

書院の核となる講堂、立教堂

晚對楼

安東市豊川面屛山キル386(屛山里31)
☎ 054-858-5929
開 9:00〜18:00(冬期は〜17:00)
安東ターミナルより210番バスで約70分(1日3往復)
※河回村経由、屛山書院で10分ほど停車して折り返し

大邱から安東への移動は東大邱ターミナルから高速バス利用が便利(1日30本)。各地へは安東ターミナル前のバス停から乗車。安東は面積が広く、交通が便利でないところも多いですが、大邱から日帰りで行けるので、目的地をしぼってゆっくりするのもおすすめです。安東ターミナルから市内中心部へは、バスで20分ほど。路線や各バス停の位置は、案内所で確認してくださいね。

大邱から始まる慶北旅
安東ぶらぶら街あるき

安東駅に到着したら、バスで市内へ繰り出して、ぶらぶら。マンモスのパンも食べたいし、市場にも行ってみたい！

安東市内の中心部には2つの市場があり、定期的に市も立つことから、多くの人たちが集まってきます。このエリアにあった安東駅は、2020年12月、中央線の複線電化に伴って移転しました。新しい安東駅は市内中心部から離れて安東ターミナルに隣接し、KTXイウムが開通。鉄道は便利になりましたが、駅やターミナルがあるエリアはまだお店なども少ないので、安東到着後は、バスで市内中心エリアに移動すると便利です。現在、旧駅舎は複合文化プラットホームとして活用。また、毎年河回村で開催する国際仮面フェスティバルの会場を旧駅舎や周辺など市内中心部にも設けて、盛大に開催しています。

旧駅舎をリモデルした複合文化プラットホーム「モディ684」

ホームなどをギャラリーとして活用。見学もできる

ThanQ coffee
땡큐커피 / テンキュコピ

2021年、郊外から市内中心エリアに移転した安東の人気カフェ。1階は果物の倉庫、2階は下宿屋さんとして使われていたレトロな建物です。メニューは、ハンドドリップやエスプレッソコーヒー、店内で作るデザートなど。特に、7月頃から9月頃までのマンゴーかき氷は、毎年大好評です。

フルーツやグラノーラを添えたレアチーズケーキ 7,000W

香ばしい味わいのピーナツクリームラテ 6,500W

広々ステキなヴィンテージ空間

大人気のマンゴーかき氷 19,000W

安東市ヨンホ2キル15（沃野洞 346-5）
☎ 054-854-7006　営 10:30～21:30　休 月曜
安東ターミナルより急行2・循環2・210・410・610番などのバスで約20分、新市場バス停下車6分
@thanqcoffee

中央新市場

安東チムタク横丁（旧市場）

新世洞壁画村

安東

コルモクアン
ソングクス

安東カルビ通り

MAMMOTH Bakery

ThanQ coffee

ズラリと並ぶ
クリームチーズ
パン 2,500W

イートインコーナーあり。
アイスアメリカーノ 4,300W

MAMMOTH Bakery
망모스베이커리 / マンモスベイコリ

　1974年創業の韓国三大ベーカリーに数えられる有名店。一番人気はクリームチーズパンで、もちもちのパンの中に、爽やかな酸味のクリームチーズがたっぷり。次々と焼き上がりますが、それと同時に飛ぶように売れていきます。地下には、チョコレート専門店XAVIERもオープンし、安東にチョコレート文化を発信しています。

安東市文化広場キル 34（南部洞 163-2）
☎ 054-857-6000
営 8：30～19：00
休 なし
安東ターミナルより急行1・循環2・210・410・610番などのバスで教保生命バス停下車6分
@mammoth_bakery

골목안 손국수
コルモクアンソングクス

ソンカルグクス 8,000W

　安東式ククスの専門店。地元の人たちからの口コミの多い人気店です。すっきりとした味のスープに、自家製醤油や塩辛などを加えて好みの味に。粟のごはんとキムチ類、たっぷりの野菜が一緒に出てきます。

安東市南門路 2（南門洞 207-1）
☎ 054-857-8887
営 10：00～17：00（冬期は～16：00）
休 日曜
安東ターミナルより循環2・210・410・610番などのバスで約20分、安東小学校バス停下車5分

日本各地から大邱へ！
大邱から韓国各地へ！

日本から大邱国際空港を結ぶ直行便もありますが、交通が便利な大邱はルートも多様。地方旅もらくらく行けちゃいます！

直行便で行く大邱！

　現在、大邱国際空港へ定期的に直行便を運航しているのは、国内3都市（東京・大阪・福岡）。便数は多くないですが、便利なのは、市内中心部までタクシーで約30分という大邱国際空港の立地です。移動時間が少なければ、多少荷物が多くても心配ないですし、時間も有効に活用できます。空港から東大邱行きのバスも運行しています。

市内から近くて便利な大邱国際空港

直行便がなくても釜山から近い！

　釜山なら、金海空港から東大邱ターミナルまでリムジンバスで1時間10分ほどと便利。約30分間隔で運行しています。ソウルの場合は少し時間がかかりますが、仁川空港から3時間50分ほどです。ソウル滞在後に大邱入りするなら、ソウル駅からKTXでの移動が便利。所要時間は1時間50分ほどです。

交通の中心、東大邱駅

　東大邱駅は京釜線を中心に複数路線が乗り入れ、ソウルや釜山へと結ぶKTXなどの列車が多数運行されています。KTXの所要時間は、東大邱駅からソウル駅まで約1時間50分、釜山駅まで約50分です。ソウルや釜山に滞在しながら大邱まで足をのばしたりと、ソウルと大邱、釜山と大邱など、2か所拠点の韓国旅行も難しくありません。

東大邱駅

旅気分が高まる東大邱駅構内

運行本数も多い

東大邱駅複合乗り換えセンター

　隣接する東大邱駅複合乗り換えセンターから各地を結ぶ高速バスや市外バスが運行しています。交通網が集中しているので、大邱に滞在しながら、地方都市への小旅行も気軽に計画できます。特に大邱を取り囲むように位置する慶尚北道の慶州・安東・浦項などはバスの本数も多く日帰りも十分可能。見どころも多いので、大邱＋αの旅が楽しめます。

東大邱駅に隣接。ここから入ると3階

チケット販売は3階、乗車ホームは3階と4階

右端に乗車ホームの階数と番号が記されている

東大邱駅から、地下鉄1号線に直結

　東大邱駅を出るとすぐ地下鉄1号線の東大邱駅があり、市内中心部までの移動も便利です。大邱有数の繁華街、東城路の最寄り駅は中央路駅または半月堂駅で、どちらも1号線の停車駅。東大邱駅複合乗り換えセンターからは、そのままエスカレータで地下まで下りると、1号線東大邱駅に直結しています。

駅前広場を歩いて、1号線東大邱駅へ

大邱にある3つの駅

　大邱市内には東大邱駅以外にも大邱駅と2022年に開設された西大邱駅があります。市内中心部から近い大邱駅は、ITXセマウル号やムグンファ号などの在来線が停車。新しくできた西大邱駅はKTXやSRTが停車します。

西大邱駅

イベントをチェックして大邱旅をさらに楽しもう！

大邱では、年間を通して数多くのお祭りやイベントを開催しています。タイミングがあえば、ぜひ参加してみて！

大邱薬令市韓方文化祭り

長い伝統をもつ大邱薬令市で開催されるお祭り。朝鮮時代の薬令市を現代的に再現し、伝統韓方体験やステージなど、さまざまなイベントが行われます。

開催時期　5月
開催場所　薬令市一帯
https://www.herbfestival.org/

画像提供：大邱広域市

パワフル大邱フェスティバル

市民と文化芸術界の人たちが一緒に作る大規模なイベント。メインイベントのパレードは、世界各地の人たちが参加して賑やかに繰り広げられます。

画像提供：大邱広域市

開催時期　5月
開催場所　国債報償路、2.28記念中央公園一帯
https://www.pwf.or.kr/

大邱トッポッキフェスティバル

人気店約20店舗のトッポッキが味わえるほか、80年代～2000年代の懐かしい展示や体験、メインステージでのコンサートなどが楽しめます。

画像提供：大邱広域市北区庁

開催時期　5月
開催場所　DGB 大邱銀行パーク一帯
https://tteokbokkifestival.com/

大邱国際ミュージカルフェスティバル

　海外招聘作品や国内創作ミュージカルの支援事業などを通して、ミュージカルの大衆化に貢献。大邱全域で多彩なイベントが開催されます。

開催時期　6〜7月
開催場所　大邱の主な公演場および市内全域
https://dimf.or.kr/

大邱チメクフェスティバル

　大邱の暑い夏に開催されるチキンとビールがメインのフェスティバル。チキンのフランチャイズ店が多数参加するので、各店のチキンが楽しめます。

開催時期　7月
開催場所　頭流公園一帯
https://www.chimacfestival.com/

寿城池フェスティバル

　大邱市民の憩いの場所、寿城池で、市民に芸術体験を提供するために開催。華やかな花火がフェスティバルを盛り上げます。

開催時期　9月
開催場所　寿城池一帯
http://www.ssfestival.net/

八公山僧市祭り

　八公山で朝鮮初期まで見られた僧侶たちの物々交換を再現したお祭りで、市場や体験コーナーなど盛りだくさん。僧侶の相撲大会も必見です。

開催時期　10月
開催場所　桐華寺一帯

大邱国際オペラフェスティバル

　国内外から公演チームが訪れるフェスティバル。ミュージカル都市、オペラ都市である大邱を世界に知らせるために、2002年から毎年開催しています。

開催時期　10〜11月
開催場所　大邱オペラハウス
https://www.daeguoperahouse.org/

※開催時期や場所は、変わる場合があります。

知っておくと便利！
旅のスタート前に情報収集

観光や移動に便利な市内中心部にあるホテルや両替所などを紹介。まずは案内所でパンフをゲットして、旅をスタート！

観光案内所で旅の情報収集！

東大邱駅総合観光案内所

東大邱駅前にある観光案内所で、必要なパンフレットをゲット。休憩スペースもある開放的な観光案内所です。日本語可能なスタッフがいる場合も。
東区東大邱路550 ☎ 053-939-0080 営 9:00〜19:00

東城路観光案内所

以前大邱百貨店横にあった案内所が移転。最寄りは1・2号線半月堂駅12番出口で、中央派出所だった場所にあります（p.11）。wifiや電源も完備。
中区中央大路382 ☎ 053-252-2696 営 10:00〜19:00

大邱で両替するなら

MONEY BOX 大邱支店
머니박스 대구지점 / モニバクス テグチジョム
中区東城路1キル16-101
☎ 053-423-0888
営 9:00〜20:00
1・2号線半月堂駅12番出口より3分

大信両替所
대신환전소 / テシンファンジョンソ
中区国債報償路125キル6
☎ 053-431-6577
営 9:00〜18:30（日曜は10:00〜）
※営業時間変動の場合あり
1号線中央路駅3番出口より8分

大美両替所
대미환전소 / テミファンジョンソ
中区国債報償路568
☎ 053-254-8070
営 9:00〜19:00（週末は未定）
※営業時間変動の場合あり
1号線中央路駅1番出口より3分

便利なコンビニ！

emart24

街中にたくさんあるコンビの中でも、高確率で見かけるのがemart24。地下鉄駅や繁華街など、目につきやすいところにあります。店舗によって規模が違いますが、カフェコーナーがあったり、お酒の品ぞろえが充実していたりする店舗もあります。

市内中心部&交通便利なホテル

Eldis Regent Hotel
エルディスリージェントホテル

近代コルモクエリアにあり、観光の拠点に便利なホテル。1980年代築の本館と高層の新館があります。西門市場まで徒歩10分ほど。

中区達句伐大路2033
☎ 053-253-7711
2・3号線青蘿オンドク駅9番出口より5分

東横INN 大邱東城路

韓国11店舗目で、大邱初の東横INN。繁華街の東城路にあるので、とにかく便利。シングルとダブルが半数以上で、一人旅にも快適なホテルです。

中区東城路1キル15
☎ 053-428-1045
1・2号線半月堂駅13番出口より3分

Rivertain Hotel
リバーティンホテル

東城路から近く、周辺には食堂やカフェなども多い便利な立地。机や椅子が完備された部屋が多く、ビジネスでも快適に過ごせます。

中区慶尚監営キル193
☎ 053-269-4000
1号線中央路駅3番出口より6分

Hotel Insomnia
ホテルインソムニア

2018年オープン。便利な東城路エリア内にあり、小規模でゆっくりできるホテルです。インテリアもかわいらしい雰囲気です。

中区東城路2キル21-8
☎ 053-257-5553
1・2号線半月堂駅10番出口より5分

Hotel Noblestay
ホテルノーブルステイ

2019年オープン。東城路から近く、最寄りの1号線中央路駅から地下商店街経由で移動可能。シックなインテリアで落ち着きます。

中区国債報償路123キル23
☎ 053-421-5007
1号線中央路駅17番出口すぐ

Daegu Grand Hotel
テググランドホテル

寿城区にある特1級ホテル。駅から近く、市内中心部への移動も便利。1階にスターバックスリザーブがあります。

寿城区東大邱路305
☎ 053-742-0001
2号線泛魚駅3番出口より2分

DAEGU 57

〜番外編〜
あんそら的 プチ情報＆コラムです！

持っていくのを忘れたら、地下商店街へ走る！

半月堂地下商店街

靴下のほか、手袋やマフラーなど季節雑貨もリーズナブル

テヒョンプリモールにあるミュージカル広場

　大邱にも地下鉄駅から直結する商店街があります。おすすめは、半月堂駅から続く地下商店街。1・2号線乗り入れの駅なので、いつも大勢の人で賑わっています。服や靴、バッグなどファッション関連をはじめ、インテリア用品やカメラ用品のお店など、長い地下道にずらりと並んでいます。準備万端で旅行に出発したつもりでも、忘れ物をしていたり、季節によって急に寒くなったり暑くなったりすることがあります。そんな時には、地下商店街に行ってみて。全体的にリーズナブルなので、必要になってから買うつもりで行ってもいいぐらいです。個人的には、冬の大邱旅で急に気温がマイナス10℃まで下がったときに、厚めの靴下やレギンスがいろいろあって助かりました。しかも安くて、靴下は日本円で100円ぐらいからかわいいものが揃っています。靴下のお店はたくさんあるので、ぜひチェックしてください。韓国っぽいレトロな室内履きも激安なので、おみやげにもよさそうです。とりあえず、何か必要になったら地下商店街へ走りましょう。また、半月堂地下商店街からは、現代百貨店（18番出口）や東和百貨店（17番出口）にも直結しています。一人旅でごはんを食べ損ねたら、韓国のデパ地下グルメもよさそうです。閉店時間に近づくと、日本と同様、ディスカウントしてお得価格になっていることも。地下商店街は、1号線中央路駅から直結のテヒョンプリモールもあります。

大邱から一度は地方旅へ。
やっぱり慶尚北道がおすすめ！

　もちろん大邱だけでも魅力満載で、何日あっても足りないかもしれません。まずはたっぷり大邱を堪能して、何度目かの大邱旅には、ちょっと遠出をしてみませんか。東大邱ターミナルから各地へバスが多数運行されています。先のページで紹介した慶州や安東より、さらにバスの本数が多いのが東海岸に接する浦項。ズワイガニなどの海産物も有名で、韓半島最東端にある虎尾串は日の出の名所としても知られています。ここ数年、日本でも放映された人気ドラマを浦項で撮影したことからも注目されています。浦項へは、東大邱ターミナルから市外バスが1日約60便運行（15〜20分間隔）。慶州へは市外バスが1日42便（20〜30分間隔）、安東へは高速バスが1日27便運行されています（2024年1月現在）。

人気ドラマの撮影地となった
浦項・九龍浦

日の出の名所、虎尾串

　2023年7月、慶尚北道から大邱広域市に統合された軍威郡にある中央線花本駅（P.98）は、インターネットユーザーによる「韓国で最も美しい簡易駅」に選ばれた駅。長い歴史のある駅ですが、複線電化による新駅完成後は、廃駅となる予定です。現在1日3本停車しますが、同じ駅から往復する列車はありません。唯一、ソウル清涼里駅6：50発→花本駅10：24着、花本駅15：09発→東大邱駅16：06着なら、出発地と到着地は違いますが、旅行に組み込めなくなさそうです。行きのソウルからの列車は9：38に安東駅にも停車するので、安東→花本→東大邱というコースも可能です。ローカル列車旅をしてみたいと思ったら、早めにGO！

花本駅を通過する列車

かわいらしい駅舎

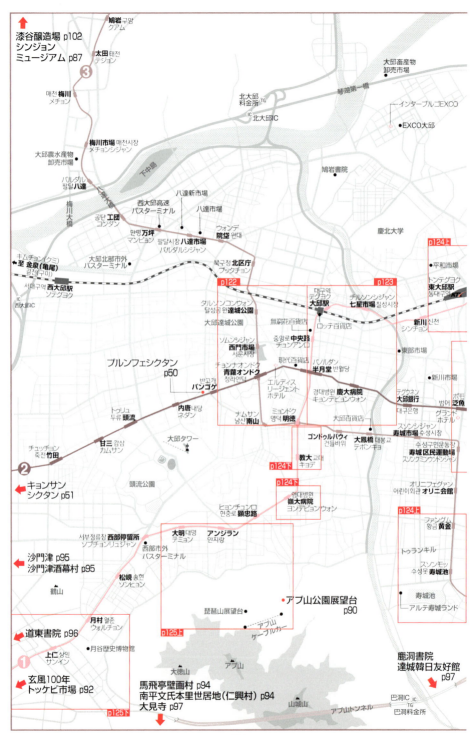

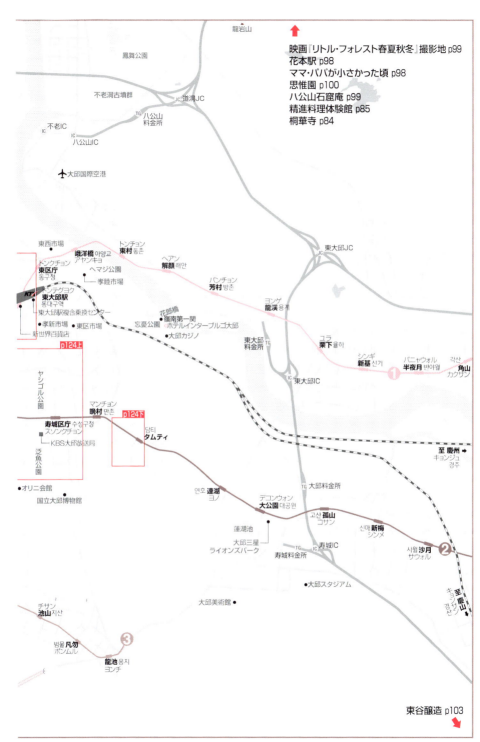

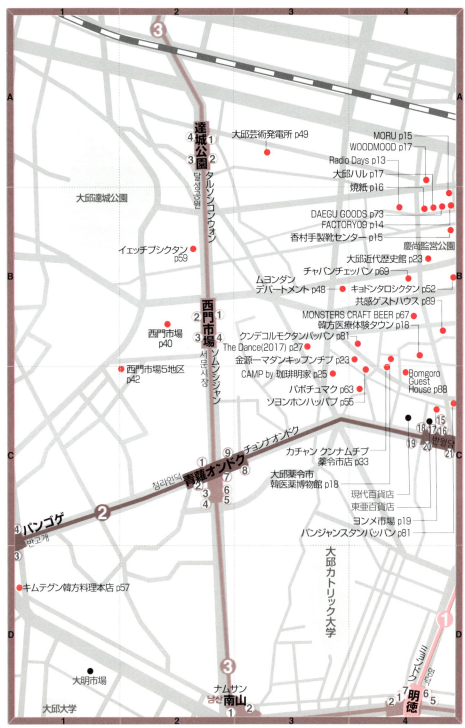

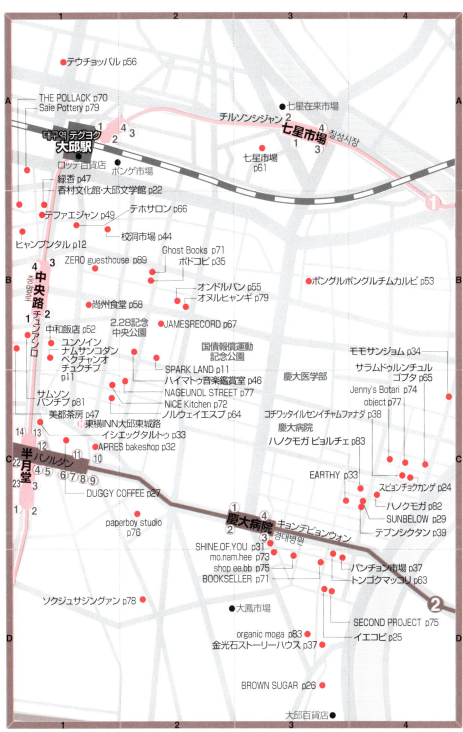

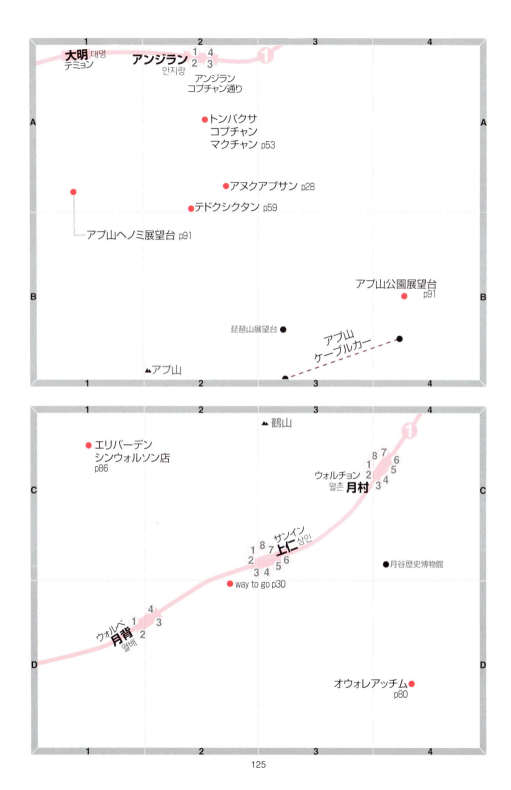

index

あ

アヌク アプサン	28
アプ山公園展望台	91
（アプサンコンウォンチョンマンデ）	
アプ山ヘノミ展望台（アプサンヘノミチョンマンデ）	91
APRES bakeshop（アプレベイクシャッ）	32
イエコピ	25
イェッチプシクタン	59
イシエッグタルトゥ	33
イバンアジメソグレチプ	93
shop ee.bb（イビビ）	75
way to go（ウェイトゥゴ）	30
ウォンジョチルソンソコムタン	61
WOODMOOD（ウドゥムドゥ）	17
映画『リトル・フォレスト 春夏秋冬』撮影地	99
エデンキンパプ	43
エリバーデン シンウォルソンジョム	86
オウォレアッチム	80
organic moga（オーガニックモガ）	83
オソオソ	106
オヌルヒャンギ	79
object（オブジェクトゥ）	77
EARTHY（オルティ）	33
オンドルパン	55
オンマアッパオリョッスルチョゲ	98

か

カチャン クンナムチプ 薬令市店	57
キムウォニレ（金源一の）マダンキップンチプ	23
金光石（キムグァンソク）ストーリーハウス	37
キムテグン韓方料理本店（ハンバンヨリ）	57
CAMP by 珈琲明家（コピミョンガ）	25
校洞市場（キョドンシジャン）	44
キョドンタロシクタン	52
キョドンハルメヤンニョムオデンナプチャクマンドゥ	45
キョンサンシクタン	51
クンデコルモクタンパッパン	81
Ghost Books（ゴストゥブクス）	71

コチワッタイルセンイチャムファナダ	38
コピオチグ	43
コルモクアンソングクス	111
共感（コンガン）ゲストゥハウス	89

さ

Saie Pottery（サイエポトリ）	79
精進料理体験館（サチャルウムシクチェホムグァン）	85
サムソンパンチプ	81
沙門津（サムジン）	95
沙門津酒幕村（サムジンチュマクチョン）	95
思惟園（サユウォン）	100
サラムドゥルンチュルゴプタ	65
尚州食堂（サンジュシクタン）	58
SUNBELOW（サンビロウ）	29
JAMESRECORD（ジェイムスレコドゥ）	67
Jenny's Botari（ジェニスポタリ）	74
寿城池（スソンモッ）	90
SHINE.OF.YOU（シャインオブユー）	31
SINJEON MUSEUM（シンジョンミュージアム）	87
シンソムンキンパプ	43
シンプルチェッパン	68
スピョンチョクカンゲ	24
SECOND PROJECT（セコンドゥプロジェクトゥ）	75
ZERO guesthouse（ゼロゲストゥハウス）	89
ソクジュサジングァン	78
焼紙（ソジ）	16
西門市場（ソムンシジャン）	40
ソヨンホンハッパプ	55
ソムンナンパッピンス・タンパッチュク	53

た

タンゴルシクタン	61
チャバンチェッパン	69
中和飯店（チュンファパンジョム）	52
チョンアラム	54
漆谷醸造場（チルゴクヤンジョジャン）	102
七星市場（チルソンシジャン）	61
テウチョッパル	56
大見寺（テギョンサ）	97
大邱芸術発電所（テグィェスレバルジョンソ）	49

DAEGU GOODS（テググッズ）	73	パンジャンスタンパッパン	81
大邱近代歴史館（テグクンデヨクサグァン）	23	韓方医療体験タウン（ハンバンウィリョチェホムタウン）	18
大邱ハル	17	香村手製靴センター（ヒャンチョンスジェファセント）	15
大邱薬令市韓医薬博物館	18	香村文化館・大邱文学館	22
（テグヤンニョンシハニヤクパンムルグァン）		（ヒャンチョンムナグァン・テグムナックァン）	
テドクシクタン	59	ヒャンプンタル	12
テファエジャン	49	ピョルチェクタバン	69
テプンシクタン	39	屏山書院（ビョンサンソウォン）	109
テホサロン	66	平和市場（ピョンファシジャン）	60
大陵苑（テルンウォン）	104	玄風100年トッケビ市場	92
ThanQ coffee（テンキュコピ）	110	（ヒョンプンベンニョントッケビシジャン）	
DUGGY COFFEE（ドギコピ）	27	花本駅（ファボンヨク）	98
陶山書院（トサンソウォン）	109	ファンナムメンション	106
The Dance（2017）（ドデンス）	27	BOOKSELLER（ブックセロ）	71
道東書院（トドンソウォン）	96	BROWN SUGAR（ブラウンシュガー）	26
THE POLLACK（ドポラッ）	70	仏国寺・石窟庵（プルグクサ・ソックラム）	105
トンゴクマッコリ	63	プルンフェシクタン	50
東谷醸造（トンゴクヤンジョ）	103	paperboy studio（ペイポボイストゥディオ）	76
トンパクサコプチャンマクチャン	53	FACTORY 09（ペクトリコング）	14
桐華寺（トンファサ）	84	ベリサムヌンコンウォン	107
		ベリナイス	31

な

		ポドコピ	35
NICE Kitchen（ナイスキッチン）	72	Bomgoro Guest House（ポムゴロゲストゥハウス）	88
NAGEUNOL STREET（ナグノルストゥリッ）	77	ポングルポングルチムカルビ	53
南平文氏本里世居地（仁興村）	94		

ま

（ナンピョンムンシポンリセゴジ　イヌンマウル）		馬飛亭壁画村（マビジョンピョッカマウル）	94
陵浦茶園（ヌンポタウォン）	107	MAMMOTH Bakery（マンモスベイコリ）	111
ノギャンクイ トゥサンドンジョム	51	美都茶房（ミドタバン）	47
鹿洞書院・達城韓日友好館（ノクトンソウォン）	97	ミヨンククス	41
緑香（ノッキャン）	47	ムヨンダンデパートメント	48
ノルウェイエスプ	64	mo.nam.hee（モナミ）	73
		モモサンジョム	34

は

		MORU（モル）	15
ハイマトゥ音楽鑑賞室（ウマクカンサンシル）	46	MONSTERS CRAFT BEER（モンストズクレプトビオ）	67
ハノクモガ	82		

や・ら・わ

ハノクモガ ピョルチェ	83	ユンソインナムサンコダンベクチャンオチュクチブ	11
河回村（ハフェマウル）	108	Radio Days（ラディオデイズ）	13
ハプチョンハルメソンカルグクス	40	ワンタク本店	62
パボチュマク	63		
八公山石窟庵（パルゴンサンソックラム）	99		
HALTAVOCA（ハルタボカ）	35		

2018年刊行の『大邱週末トラベル ときめくテグの楽しみ方48』をたくさんの方が手にしてくださり、大邱を旅行されたことをとてもうれしく思っています。あれから早6年。その間、私たちにとっていろいろな変化がありました。大邱の街も、お店がなくなっていたり、再開発などで街並みそのものが変わっていたりしましたが、懐かしい風景や懐かしい人たちとの再会、そして新たな出会いとともに、再び大邱の本を作ることができました。
この本が、みなさまの大邱旅行のお役に立てば、とても幸せです。

取材・執筆・編集	あんそら（安田良子）
デザイン・DTP	益田美穂子（open!sesame）
イラスト	田中ひろこ
地図制作	上妻みさ
進行協力	イ・ウンジュ

協力　大邱広域市

みなさまに、心よりお礼を申し上げます。감사합니다

大邱 週末トラベル
まだまだ知らない韓国屈指の観光都市の楽しみ方

2024年 3月15日 第1版・第1刷発行

著　者　あんそら
発行者　株式会社メイツユニバーサルコンテンツ
　　　　代表者　大羽 孝志
　　　　〒102-0093 東京都千代田区平河町一丁目 1-8
印　刷　株式会社厚徳社

◎「メイツ出版」は当社の商標です。

●本書の一部、あるいは全部を無断でコピーすることは、法律で認められた場合を除き、著作権の侵害となりますので禁止します。
●定価はカバーに表示してあります。
©OFFICEあんぐる,2024 ISBN978-4-7804-2864-3 C2026 Printed in Japan.

ご意見・ご感想はホームページから承っております。
ウェブサイト　https://www.mates-publishing.co.jp/

企画担当:折居かおる